100 KLEIDER nähen Mädchenmode

360-Grad-Ansicht aller Modelle per App

Mit 2 Schnittmusterbogen

Das geniale Kombinationsprinzip in **Größe** **92 bis 152**

Evelien Cabie

100 KLEIDER NÄHEN – MÄDCHENMODE

100 KLEIDER *nähen* *Mädchenmode*

360-Grad-Ansicht aller Modelle per App

Mit 2 Schnittmusterbogen

Das geniale Kombinationsprinzip in ***Größe 92 bis 152***

Evelien Cabie

Fotografien: Clair Obscur

EIN BUCH DER
EDITION MICHAEL FISCHER

360°-Sicht auf die Kleider

Damit Sie sich ein noch besseres Bild von den Kleidern machen können, gibt es zu dem Buch eine 3D-App. Dank dieses fantastischen Hilfsmittels können Sie die in diesem Buch gezeigten Kleider von allen Seiten bewundern!

1. Laden Sie sich die kostenlose ZAPPAR-App einfach auf Ihr Tablet oder Smartphone. Sie finden die App im App Store oder bei Google Play.
2. Für die Benutzung der App muss Ihr Gerät mit dem Internet verbunden sein.
3. Öffnen Sie die App und halten Sie das Gerät auf die Codes im Buch.
4. So können Sie die Kleider von allen Seiten betrachten.

Übersicht über die vorgestellten Modelle

Wir haben diese 17 Kleider aus über 100 Kombinationsmöglichkeiten angefertigt.

S. 28

Sweet Caramel Cake mit Ärmelausschnitt Ini

S. 32

Creamy Vanilla Pop mit Ärmelausschnitt Ini und Kragen Tinky

S. 34

Sweet Caramel Bubble mit Ärmel Dang und Kragen Minky

S. 36

Candy mit Ärmel Tac und Tasche Winy

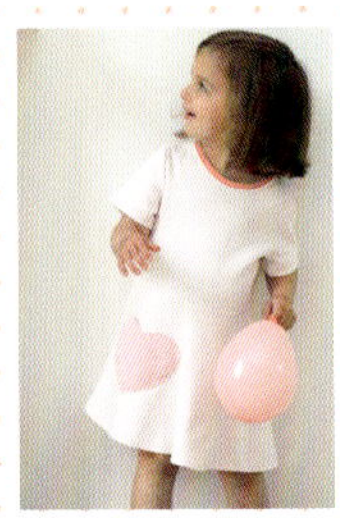

S. 40

Sweet Vanilla Bubble mit Ärmel Tic und Tasche Tiny

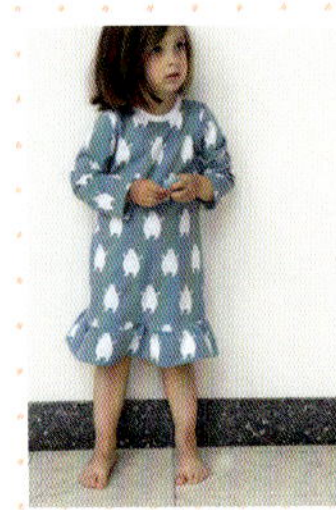

S. 42

Candy mit Ärmel Toc und Rüschensaum Twirly

S. 44

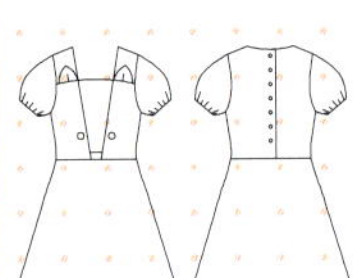

Fluffy Caramel Bubble mit Ärmel Ding und Gesicht Foxy

S. 46

Sweet Vanilla Cake mit Ärmel Mini und Kragen Winky

S. 48

Sweet Chocolate Bubble mit Ärmel Ding und Rüschensaum Twirly

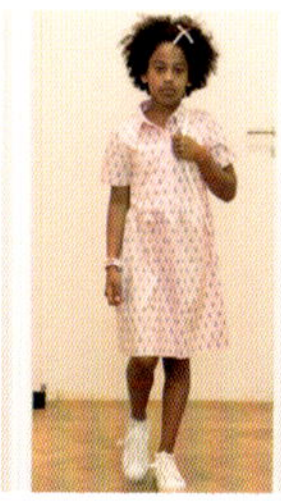

S. 50

Creamy Vanilla Cake mit Ärmel Tic/Cuffy und Kragen Winky

S. 54

Fluffy Caramel Cake mit Ärmel Mini und Gesicht Snowy

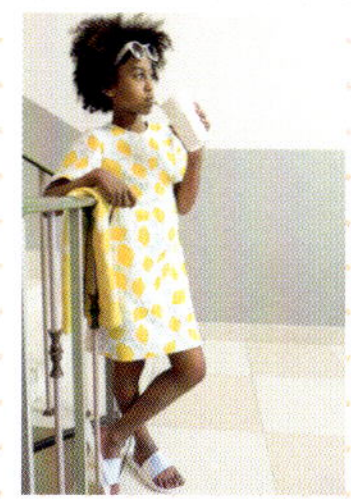

S. 58

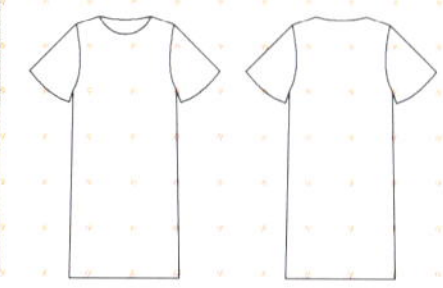

Candy mit Ärmel Ding ohne Gummiband

S. 60

Sweet Vanilla Cake mit Ärmel Tac

S. 62

Fluffy Vanilla Cake mit Ärmel Tac und Rüschenbesatz Curly

S. 66

Fluffy Chocolate Bubble mit Ärmel Tac, Gesicht Foxy/Krone Queeny und gerüschtem Ärmelabschluss Frilly

S. 68

Fluffy Vanilla Pop mit Ärmel Moe und Gesicht Bunny

S. 72

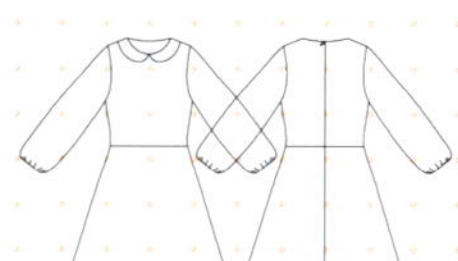

Sweet Vanilla Bubble mit Ärmel Dong und Kragen Tinky

Vorwort

Es gibt doch nichts Schöneres als kleine Mädchen, die in einem hübschen Kleid herumtanzen. Und was wäre eine Kinderparty ohne ein schönes Festtagskleid? Im Winter aus Wollstoff mit langen Ärmeln oder im Sommer aus kühlender Baumwolle mit Capärmeln. Auch kleine Mädchen haben Spaß an schönen Kleidern!

Beim Schneidern von Kinderkleidern haben Sie große Gestaltungsfreiheit. Sie brauchen nicht auf unterschiedliche Körperformen zu achten oder nachteilige Eigenschaften zu überspielen, denn die Jugend verleiht allem Glanz! Ich will mit diesem Buch einige der gestalterischen Freiheiten aufzeigen. Finden Sie den perfekten Stoff für ein Kleid und stellen Sie das perfekte Schnittmuster zusammen, das zu dem Stoff passt. Oder lassen Sie Ihre Tochter, Enkelin oder kleine Freundin etwas auswählen, das ihr gefällt.

Ich hoffe, dass Sie viel Spaß beim Auswählen des Kleids und des perfekten Stoffs haben, und Sie sich daran erfreuen, wenn die Augen Ihrer Tochter vor Freude glänzen, wenn sie in dem von Ihnen selbst genähten Kleid durchs Zimmer tanzt!

Evelien Cabie

Inhalt

Kragen
Gesichter
Candy Shop
100 Kleider
geöffnet
Ärmel

Wie Sie dieses Buch verwenden

Genau wie bei den anderen Büchern der 200er-Serie können Sie die **Basisschnittmuster** kombinieren, um Ihr Wunschkleid zusammenzustellen. Sie können das gerade geschnittene Kleid Candy oder ein Kombinationskleid wählen, bei dem Sie ein Oberteil und einen Rock Ihrer Wahl zusammenstellen. Bei dem Kombinationskleid haben Sie die Wahl aus drei Vorderteilen (Sweet ohne Knöpfe, Creamy mit Knöpfen oder Fluffy, das aus mehreren Teilen besteht), die Sie mit einem der drei Rückteile kombinieren können (Vanilla mit Reißverschluss, Caramel mit Knöpfen oder Chocolate mit Schleife am Rücken). Wählen Sie dann Ihren Rock: den Halbtellerrock Bubble, den Rüschenrock Cake oder den Faltenrock Pop.

Zu jedem Hals passt ein anderer **Kragen:** der Bubikragen Tinky, der gerüschte Stehkragen Minky oder der Hemdkragen Winky. Aber es geht natürlich auch ohne Kragen. Das Oberteil Fluffy und das Rückteil Chocolate können Sie nicht mit den Kragen kombinieren. Das Oberteil Fluffy ist verspielt: Es wird entweder mit dem Rüschenbesatz Curly oder einem süßen Tiergesicht gestaltet. Sie können zwischen Füchslein Foxy, Häschen Bunny, Bärchen Snowy oder Krone Queeny auswählen. Bei den Ärmeln stehen das ärmellose Modell Ini, der Capärmel Mini, der Trompetenärmel Moe, der kurze Ärmel Tic, der ¾-Ärmel Tac, der lange Ärmel Toc, der kurze Puffärmel Ding, der ¾-Puffärmel Dang und der lange Puffärmel Dong zur Auswahl. Die Ärmelsäume können außerdem noch mit dem geraden Ärmelabschluss Cuffy oder dem gerüschten Ärmelabschluss Frilly verarbeitet werden.

Wenn Sie **Taschen** für Ihr Kleid möchten, steht die Herzchentasche Tiny oder die gerade Tasche Winy zur Auswahl. Schließlich können Sie den Rock noch mit dem romantisch anmutenden Rüschensaum Twirly verzieren.

Alle Bezeichnungen finden Sie auf den Schnittmustern, sodass Sie das gewünschte Schnittmusterteil einfach übernehmen können. Es werden die folgenden Farben verwendet:
Candy: Violett
Vorderteile: Schwarz
Rückteile: Blau
Röcke: Rot
Ärmel: Grün
Kragen und Extras: Hellblau

Und so geht's: Stellen Sie anhand von Seite 14–15 Ihr Wunschkleid zusammen. Beachten Sie die Bezeichnungen, damit Sie wissen, welche Schnittmusterteile Sie von den Schnittmusterbögen kopieren müssen. Messen Sie den Brustumfang Ihres Kindes und schauen Sie in der Größentabelle auf Seite 17, um die richtige Größe zu ermitteln. Suchen Sie die Anleitung für das Kleid heraus und lesen Sie diese durch. Lesen Sie auch die Anleitung für die ausgewählten Varianten, bevor Sie anfangen.

Stellen Sie Ihr Kleid selbst zusammen!

KRAGEN

Tinky

Minky

Winky

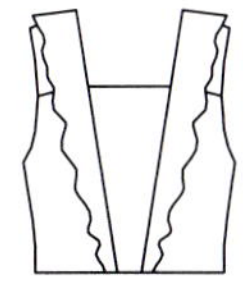
Curly

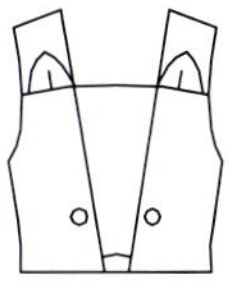
Foxy

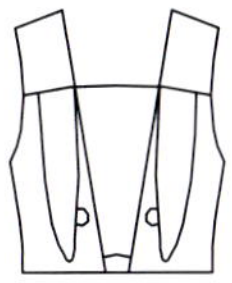
Bunny

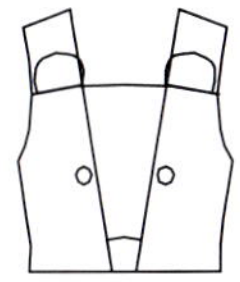
Snowy

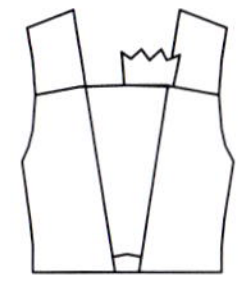
Queeny

ÄRMEL

Ini

Mini

Moe

Tic

Tac

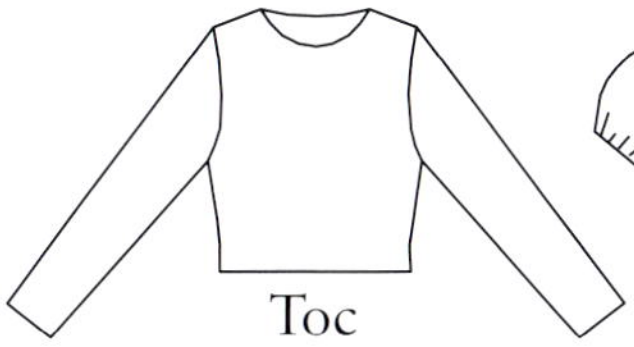
Toc

Ding

Dang

Dong

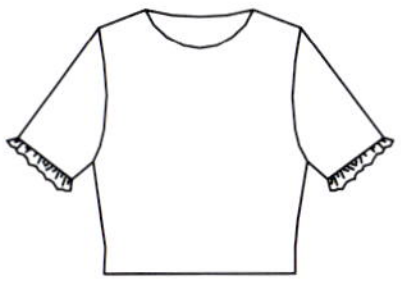
Frilly

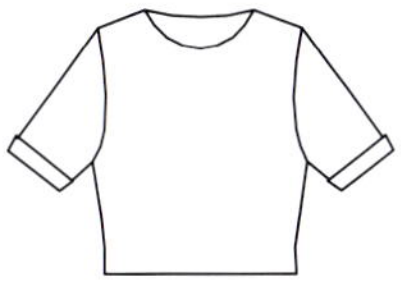
Cuffy

Tiny

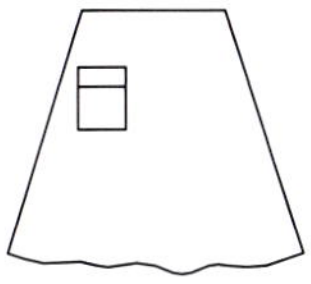
Winy

EXTRAS

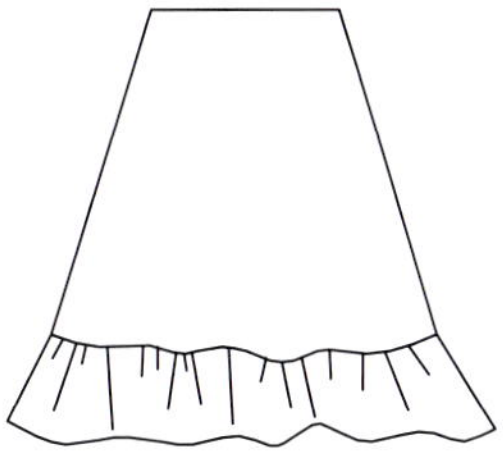
Twirly

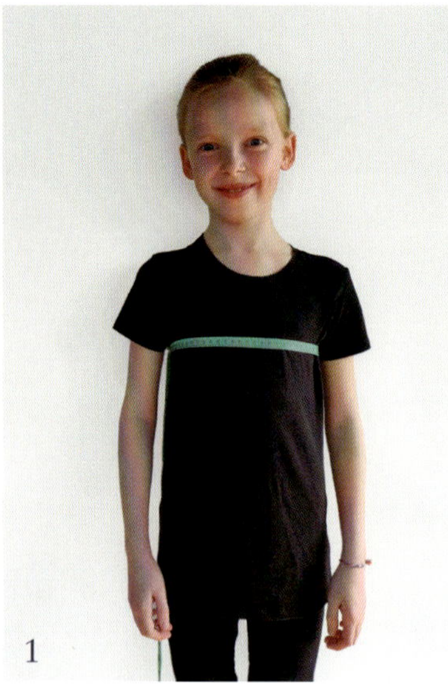
1

2a

2b

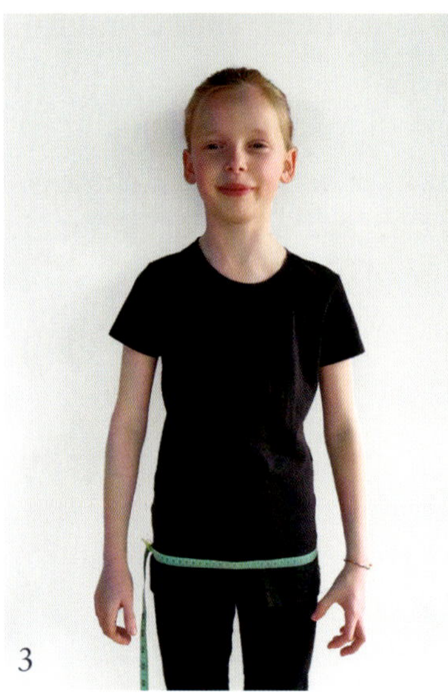
3

4

Größentabelle

Körperlänge	92	98	104	110	116	122	128	134	140	146	152
Alter	2	3	4	5	6	7	8	9	10	11	12
Brustumfang	50,5	52,5	54,5	56,5	58,5	61	63,5	66	68,5	71	73,5
Taillenumfang	51,5	52,5	53,5	54,5	55,5	56,5	58	59,5	61	62,5	64
Hüftumfang	54,5	57	59,5	62	64,5	67	70	73	76	79	82

Nehmen Sie bei Ihrem Kind stets gut Maß, bevor Sie die Größe des Kleids bestimmen. Übernehmen Sie nicht einfach die Konfektionsgröße. Sie bestimmen die Größe des Kleids anhand des Brustumfangs. Der Hüftumfang, die Armlänge und die Rückenlänge dienen als zusätzliche Anhaltspunkte.

WIE NEHME ICH MASS?

Lassen Sie Ihr Kind beim Maßnehmen ein enganliegendes T-Shirt oder ein Unterhemd anziehen, sodass die Größe so korrekt wie möglich der nackten Brust entspricht (natürlich können Sie auch am nackten Oberkörper Maß nehmen). Dazu muss sich Ihr Kind kerzengerade hinstellen. Dann legen Sie das Maßband in einer horizontalen Linie um die Brust. Ziehen Sie das Maßband nicht zu fest: Es muss noch einen gewissen Spielraum geben. Notieren Sie die Größe (und das Datum, an dem Sie Maß genommen haben) und kopieren Sie das gewünschte Kleid in der entsprechenden Größe (siehe Bild 1).

GRÖSSENKONTROLLE

Einige Kinder sind etwas schwerer oder leichter als andere Kinder desselben Alters. Meistens stehen der Taillen- und Hüftumfang im Verhältnis zum Brustumfang, dann können Sie einfach die gemessene Größe kopieren und brauchen eventuell nur die Länge des Oberteils zu kürzen oder zu verlängern. Bestehen große Unterschiede, ändern Sie Ihr Schnittmuster, wie auf Seite 18 beschrieben.

TAILLENUMFANG

Lassen Sie Ihr Kind gerade stehen und sich dann nach links und rechts beugen. So erkennen Sie die natürliche Taillenlinie; messen Sie dort den Umfang der Taille (siehe Bild 2a + b).

HÜPFTUMFANG

Die Röcke sind im Vergleich zu Damenmodellen etwas weiter geschnitten. Der Hüftumfang spielt daher für die Auswahl des Rocks kaum eine Rolle. Wollen Sie dennoch den Hüftumfang messen, dann gehen Sie wie folgt vor: Lassen Sie das Kind gerade stehen. Legen Sie das Maßband um die Hüften, über die rundeste Stelle des Gesäßes, sehr horizontal (siehe Bild 3).

ARMLÄNGE

Lassen Sie das Kind gerade stehen und einen Arm leicht beugen. Messen Sie die Armlänge von der Schulterkugel über den Ellenbogen bis zum Handgelenk (siehe Bild 4).

Anpassen eines Schnittmusters

VERLÄNGERN ODER KÜRZEN DES OBERTEILS

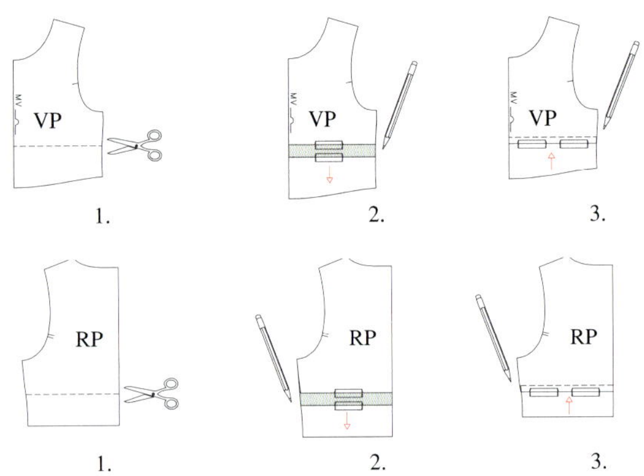

Wann?

Wenn die zum gemessenen Brustumfang angegebene Länge nicht mit der eigentlichen Körperlänge des Kindes übereinstimmt, nehmen Sie das Schnittmuster für den gemessenen Brustumfang und verlängern oder kürzen das Oberteil.

Wie?

Messen Sie den Brustumfang und die Gesamtlänge des Kindes, wie auf Seite 16 angegeben. Kopieren Sie das Vorder- und Rückteil vom Schnittmuster auf Papier; bestimmen Sie die Größe anhand des Brustumfangs laut Größentabelle. Zeichnen Sie eine horizontale Linie an der Mitte der Seitennaht und schneiden Sie Ihr Schnittmuster von Vorder- und Rückteil entlang der Linie durch (1). Um das Oberteil zu verlängern, schieben Sie das Unterteil nach unten bis zur Größenlinie (Saum des Oberteils), die mit der gemessenen Körperlänge übereinstimmt. Kleben Sie die Teile auf einem darunterliegenden Bogen Papier fest (2). Um das Oberteil zu verkürzen, schieben Sie die Teile übereinander (3). Zeichnen Sie die Seitennaht mit Bleistift mit einer geraden Linie an, geben Sie die Nahtzugaben hinzu und schneiden Sie das Teil aus.

VERLÄNGERN ODER KÜRZEN DER ÄRMEL

Wann?

Hauptsächlich bei den langen Ärmel Toc und Dong. Wenn die Armlänge kürzer oder länger ist als in der Tabelle angegeben, also in der Regel, wenn die zum gemessenen Brustumfang angegebene Länge nicht mit der Körperlänge Ihres Kindes übereinstimmt.

Wie?

Messen Sie die Länge des Arms, wie auf Seite 17 angegeben. Kopieren Sie das Schnittmuster des langen Ärmels auf Papier; bestimmen Sie die Größe anhand des Brustumfangs laut Größentabelle. Schneiden Sie Ihr Schnittmuster in der Ärmelmitte durch (1). Um den Ärmel zu verlängern, schieben Sie beide Teile auseinander, sodass

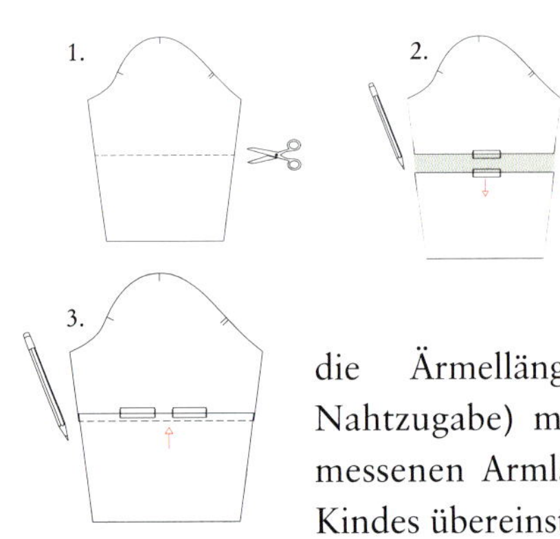

die Ärmellänge (ohne Nahtzugabe) mit der gemessenen Armlänge Ihres Kindes übereinstimmt.

Kleben Sie die Teile auf einem darunterliegenden Bogen Papier fest (2). Um den Ärmel zu verkürzen, schieben Sie die Teile übereinander (3). Zeichnen Sie die Seitennähte mit Bleistift mit einer geraden Linie an, geben Sie die Nahtzugabe hinzu und schneiden Sie das Teil aus.

VERLÄNGERN ODER KÜRZEN DES ROCKS

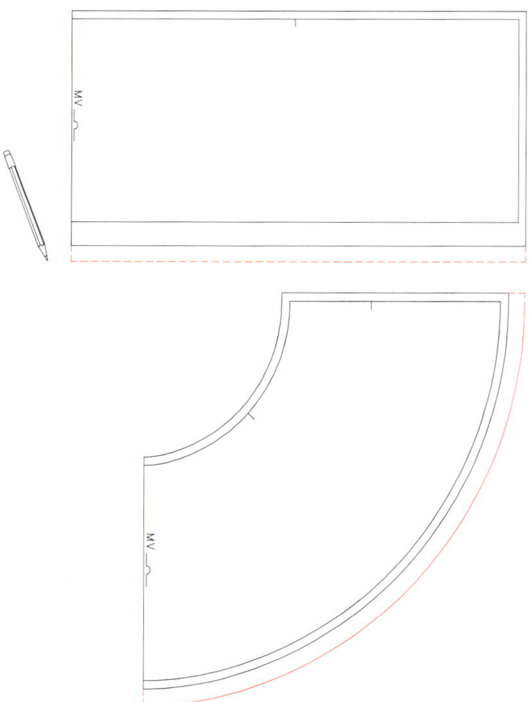

Nicht alle Beine sind gleich lang. Einen Rock können Sie verlängern oder kürzen, indem Sie parallel zum Saum eine Linie für die gewünschte Rocklänge zeichnen. Sie können die Rocklänge bestimmen, indem Sie mit einem Maßband von der Taille über die Hüfte bis zur gewünschten Rocklänge messen.

ANPASSEN DES TAILLENUMFANGS

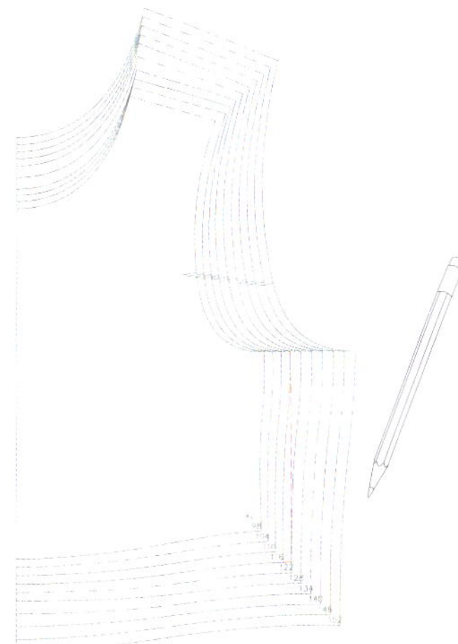

Wann?

Wenn zwischen dem gemessenen Brust- und Taillenumfang mehr als eine Größe Unterschied ist, können Sie die Taille anpassen.

Wie?

Kopieren Sie das Schnittmuster anhand des gemessenen Brustumfangs und zeichnen Sie eine Linie vom Armausschnitt bis zur Größenlinie der Taille des gemessenen Taillenumfangs.

Verlängern Sie die horizontale Taillenlinie. Kopieren Sie das Schnittmuster des Rocks anhand der gemessenen Taille.

Stoffauswahl

Sie können jeden Stoff für die Kleider verwenden, solange er nicht allzu elastisch ist (daher ist ein sehr locker gewebter Jersey nicht so gut geeignet). Auch sehr dicke oder steife sowie schwer faltbare Stoffe sind nicht zu empfehlen, weil die Nähte zu dick werden, um den Stoff beispielsweise in Rüschen oder Falten zu legen.

Baumwolle, Viskose, Leinen und Wolle sind natürliche Materialien, die schön fallen, sich gut tragen lassen und Feuchtigkeit am besten regulieren. Wolle ist nicht immer gut waschbar und kann etwas teurer sein. Baumwollstoffe werden für Kinderkleidung oftmals bevorzugt, weil sie sich gut verarbeiten lassen, waschbar und in vielen schönen Farben und Drucken erhältlich sind.

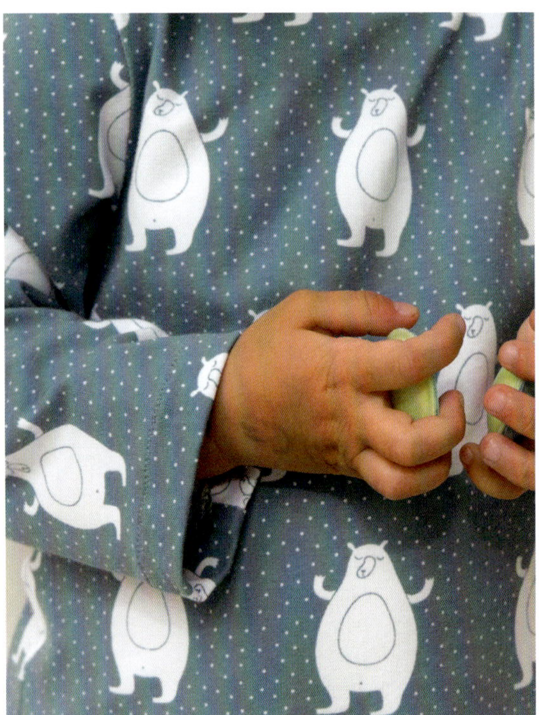

KLEINE STOFFKUNDE

Baumwollstoff

- Dies ist der am meisten verwendete Stoff für Kinderkleider und ist in vielen Mustern und Farben erhältlich.
- Verwenden Sie eine Universalnähnadel in der Stärke 60 bis 80.
- Verwenden Sie die gebräuchliche Stichlänge 2,5.
- Verwenden Sie synthetische Universalnähgarne.
- Baumwolle ist der ideale Stoff für Nähanfänger.

Trikot, dünner Sweatshirtstoff, Interlock-Maschenware oder Ponte di Roma (Romanit-Jersey)

- Verwenden Sie eine spezielle Trikotnadel in der Stärke 60 bis 80.
- Verwenden Sie synthetische Universalnähgarne.
- Verwenden Sie einen Stretchstich oder kleinen Zickzackstich (Länge 2,5, Breite 0,3 und lockern Sie die Fadenspannung etwas) einer normalen Nähmaschine. Sie können die Nähte auch mit einem vierfädigen Overlockstich nähen.
- Passen Sie stets gut auf, dass Sie beim Steppen den Stoff nicht ziehen (und auch nicht auf Ihrem Schoß hängen lassen), da die Naht sonst wellig und zu weit wird.
- Schneiden Sie das Schnittmuster anhand der Größe Ihres Kindes aus, wenn das Modell bequem sein soll, oder wählen Sie eine kleinere Größe, wenn das Kleid etwas enger anliegen soll.
- Es kann manchmal schwierig sein, einen Reißverschluss oder Knöpfe an Trikotstoff anzubringen. Bei Modellen ohne Kragen können Sie Reißverschluss und Knöpfe weglassen. Schneiden Sie dann sowohl das Vorderteil als auch das Rückteil im Stoffbruch (bei Candy und Vanilla) aus und geben Sie am Hals keine

Nahtzugabe hinzu, damit der Kopf Ihres Kindes gut durch den Halsausschnitt passt (dasselbe gilt für die Halsnaht des Kragens).

- Verwenden Sie elastische Verstärkungen, die für Trikot geeignet sind.
- Wollen Sie das Oberteil füttern, sollten Sie einen dehnbaren Futterstoff wählen, der genauso elastisch ist wie der Außenstoff.

(Dünner) Wollstoff

- Verwenden Sie eine Universalnähnadel in der Stärke 60 bis 80 und eine größere Stichlänge 3.
- Verwenden Sie synthetische Universalnähgarne. Wollen Sie doch einen Wollstoff nähen, verwenden Sie eine Topstitchnadel.
- Bedenken Sie, dass sich ein Wollstoff auf alle Fälle an den Armausschnitten und am Hals stark dehnen und sich das Teil dadurch verformen kann. Sie können dies vermeiden, indem Sie vor dem Steppen ein Bügelvlies (ein dünner Streifen Verstärkung (Vlieseline), das in den meisten Stoffgeschäften in Weiß oder Schwarz als Meterware erhältlich ist) an den Halsausschnitt, an der Rücknaht, wenn Sie einen Reißverschluss einplanen, und an den Armausschnitten des Oberteils aufbügeln.

Feine Stoffe (Organza, feiner Tüll, Viskose ...)

- Verwenden Sie eine geeignete Mikrotex-Nadel.
- Schwierig zu schneiden, weil sie sich oft stark verziehen und sich dadurch nur schwer gerade legen lassen (dies zeigt sich beim Anfertigen des Kleidungsstücks; der Saum ist dann zum Beispiel schief). Manchmal hilft es, den Stoff zwischen zwei Bögen Schnittmusterpapier (mit Ihrem Muster oben) zu legen und festzustecken, bevor Sie ihn ausschneiden.
- Es empfiehlt sich die Verwendung eines Rollschneiders und einer großen Schneidematte, sodass der Stoff eher glatt liegen bleibt. Sie können die Stoffränder auch vor dem Schneiden an den Rändern eines rechteckigen Tischs ausrichten.
- Für Nähanfänger nicht geeignet.

Grundtechniken

VERDECKTER REISSVERSCHLUSS

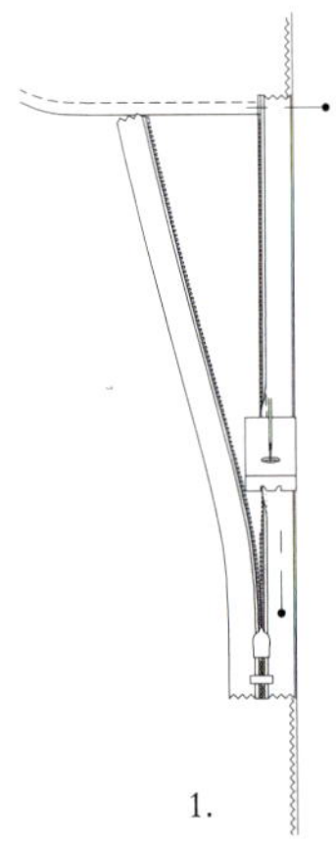

1.

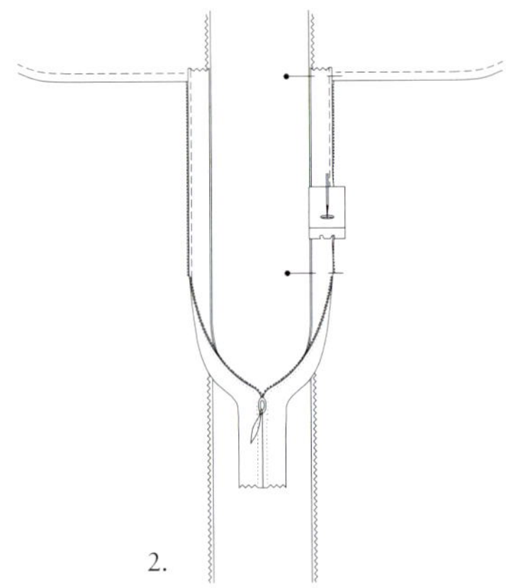

2.

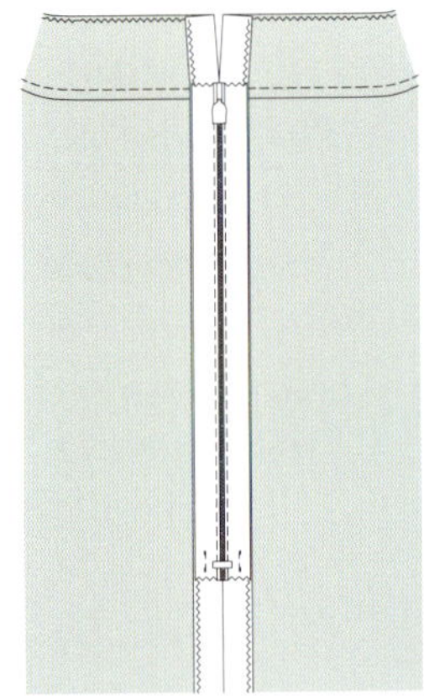

3.

1. Legen Sie das linke Rückteil des Oberteils mit der rechten Stoffseite nach oben vor sich auf den Tisch. Öffnen Sie den Reißverschluss ganz und legen Sie die linke Seite des Reißverschlusses mit der Vorderseite (Zähnchen) auf die rechte Stoffseite des Rückteils. Achten Sie darauf, dass die Seitenkante (ohne die Zähnchen) mit dem Stoffrand und das oberste Zähnchen mit der Halslinie des Rückteils abschließt. Feststecken. Bringen Sie das entsprechende Füßchen für nahtverdeckte Reißverschlüsse an Ihrer Nähmaschine an (unentbehrlich für ein gutes Resultat). Legen Sie den Stoff mit dem Reißverschluss unter das Nähfüßchen und schieben Sie die Zähnchen zur Seite, sodass sie ordentlich in die dafür vorgesehene Aussparung des Nähfüßchens gleiten. Bis unten feststeppen. Den Reißverschluss schließen. Zeichnen Sie für das Kombinationskleid einen Strich an die noch nicht befestigte Kante des Reißverschlusses auf Höhe der Taillennaht, sodass die Taillennähte der linken und rechten Seite des Rückteils nach der Verarbeitung ordentlich auf der gleichen Höhe liegen.

2. Öffnen Sie den Reißverschluss, stecken und steppen Sie die rechte Seite des Reißverschlusses rechts auf rechts an das rechte Rückteil auf dieselbe Weise wie an der linken Seite. Achten Sie darauf, dass der gezeichnete Strich mit der Taillennaht abschließt.

3. Nähen Sie das Reißverschlussband mit ein paar Stichen mit der Hand an der Nahtzugabe fest.

KNÖPFE

Wie Sie ein Knopfloch nähen, ist bei jeder Maschine anders.

Gehen Sie wie folgt vor:

1. Lesen Sie die Anleitung Ihrer Nähmaschine, um herauszufinden, wie Sie ein automatisches Knopfloch anfertigen können. Machen Sie immer erst ein Probeknopfloch an einem Stoffrest und prüfen Sie, ob der Knopf gut durchpasst. Er sollte aber auch nicht zu leicht durchgehen, da die Knöpfe sonst beim Tragen durch die Knopflöcher rutschen. Ein Knopfloch ist in der Regel 2 bis 3 mm größer als der Knopf.

2. Legen Sie die Knöpfe auf das rechte Oberteil. Bestimmen Sie erst die Position der Knöpfe. Messen Sie sorgfältig, sodass die Knöpfe den gleichen Abstand zueinander haben, und markieren

Sie auf dem Stoff den Mittelpunkt des Knopfes. Der unterste Knopf wird immer ungefähr im Abstand von zwei Dritteln des Abstands zwischen den übrigen Knöpfen angebracht. Die Position des obersten Knopfes ist auf dem Schnittmuster markiert. Knopflöcher sind immer senkrecht. Ausnahme: Am Kragensteg werden sie waagerecht angebracht.

3. Nähen Sie die Knopflöcher an das rechte Vorderteil. Markieren Sie die Enden des Knopfloches mit Stecknadeln, damit Sie das Loch beim Öffnen mit dem Trennmesser nicht kaputt machen und es dann zu groß ist.

4. Legen Sie das Teil mit den Knopflöchern auf das andere Teil mit den Markierungen an der vorderen oder hinteren Mitte ordentlich aufeinander. Zeichnen Sie durch die Knopflöcher einen Punkt auf das darunterliegende linke Teil, damit Sie wissen, wo Sie den Knopf annähen müssen. Nähen Sie die Knöpfe an.

HALS EINFASSEN MIT UNSICHTBAREM SCHRÄGSTREIFEN ANSTATT EINES BELEGS

Sie können das Kleid mit einem Schrägstreifen versäubern, statt es zu füttern. Diese Technik kann sowohl am Halsausschnitt als auch an den Armausschnitten (von ärmellosen Kleidern oder Kleidern mit Capärmel) angewendet werden. Für ein schönes Ergebnis sollten Sie alle Kanten, außer dem Halsausschnitt, nach jedem beschriebenen Schritt mit einem Zickzackstich oder einer Overlocknaht versäubern. Bei einem nicht dehnbaren Stoff können Sie fertige Schrägstreifen verwenden oder selbst einen Schrägstreifen aus einem 4 cm breiten Stoffstreifen anfertigen. Dazu schneiden Sie den Stoff in einem Winkel von 45° in der Länge des Halsausschnitts aus. Verwenden Sie für elastische Stoffe unbedingt einen elastischen Schrägstreifen und prüfen Sie, ob er wirklich dehnbar ist. Diese Methode ist für die Kleider mit Rückteil Chocolate mit Schleife nicht geeignet.

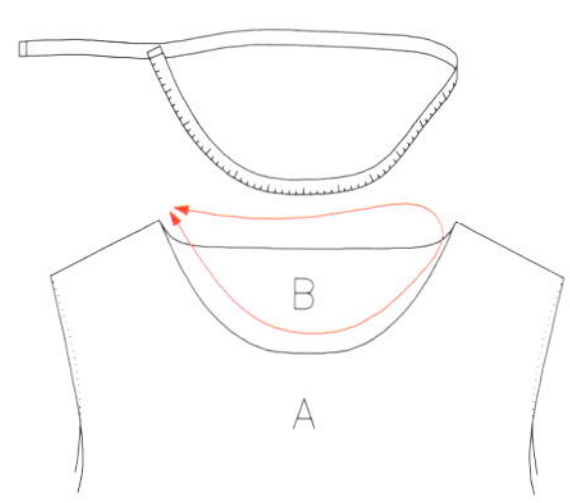

1. Messen Sie die Gesamtlänge von Hals- oder Armausschnitt. Schneiden Sie einen 4 cm breiten Streifen Stoff in derselben Länge (oder ungefähr 85 % der Länge bei leicht dehnbaren Stoffen). Bei nicht dehnbaren Stoffen knipsen Sie die kurzen Enden am besten an einem Punkt ein, sodass die Länge des Hausausschnittes größer ist als die Außenkante des Schrägstreifens.

2. Falten Sie den Streifen der Länge nach links auf links und bügeln Sie.

3. Nur wenn Sie keinen Verschluss am Rückteil vorgesehen haben (z. B. bei dehnbaren Stoffen): Falten Sie den Streifen wieder auf. Falten Sie den Streifen der Breite nach rechts auf rechts und steppen Sie die kurzen Seiten zusammen. Falten Sie den Streifen nochmal der Länge nach links auf links (entlang der zuvor gebügelten Falte).

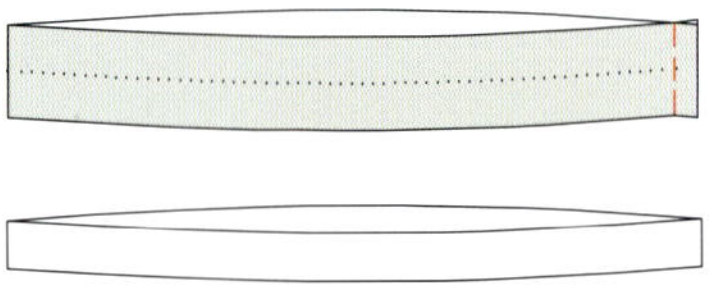

4. Stecken und steppen Sie die offene Kante des Streifens rechts auf rechts auf den Halsausschnitt, wobei Anfang und Ende mit der Naht des Rückteils aufeinandertreffen müssen. Schneiden Sie die Hälfte der Nahtzugabe zurück. Bügeln Sie den Schrägstreifen in Richtung der Naht und steppen Sie ihn 2 mm vom Rand fest, sodass er mit der Nahtzugabe verbunden ist. Bei einem Reißverschluss steppen Sie auch die kurzen Seiten an der Rückennaht fest. Bei einem Teil mit Knöpfen bügeln Sie die Naht der Knopfleiste nach innen und falten den eingeschnittenen Beleg mit der rechten Seite auf das Oberteil, bevor Sie den Halsbeleg feststeppen.

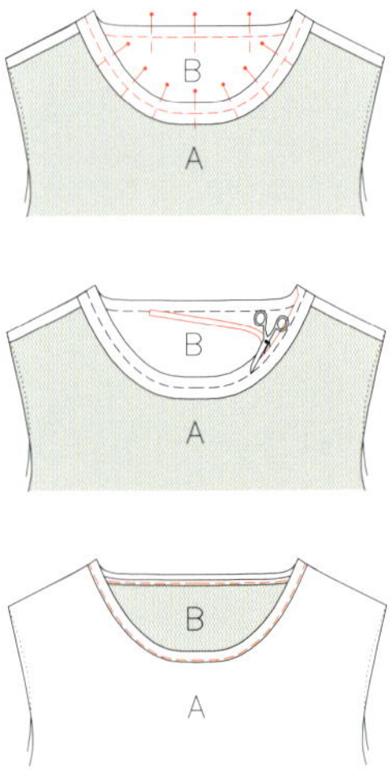

5. Falten Sie den Schrägstreifen nach innen, stecken und bügeln Sie die Kante. Steppen Sie den Schrägstreifen am Kleid ungefähr eine Füßchenbreite (7,5 mm) vom Halsausschnitt fest. Bei einem Teil mit Knöpfen wenden Sie erst den eingeschnittenen Beleg mit der rechten Seite nach außen, bevor Sie den Schrägstreifen feststeppen.

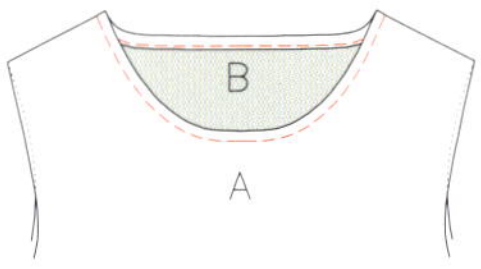

VERSTÄRKUNGEN (BÜGELVLIES FÜR BELEG UND KRAGEN)

Verwenden Sie Bügelvlies (Einlage), um Belegteile zu verstärken und formbeständig zu machen. Bügelvlies gibt es in Schwarz (für dunkle Stoffe) und Weiß (für helle Stoffe). Es gibt auch eine elastische Version für elastische Stoffe.

Arbeitsweise

Schneiden Sie das Schnittmuster der Belegteile aus dem Bügelvlies aus. Bügeln Sie die zu verstärkenden Teile schön glatt. Legen Sie das zu verstärkende Teil mit der linken Stoffseite nach oben und platzieren Sie das Bügelvlies mit der rauen Seite (die Klebeseite) auf den Stoff. Bügeln Sie ca. 5 Sekunden lang, ohne das Bügeleisen zu verschieben. Schneiden Sie die Ränder ordentlich ab.

Fotobuch

Candy Girls

100 KLEIDER *nähen* *Mädchenmode*

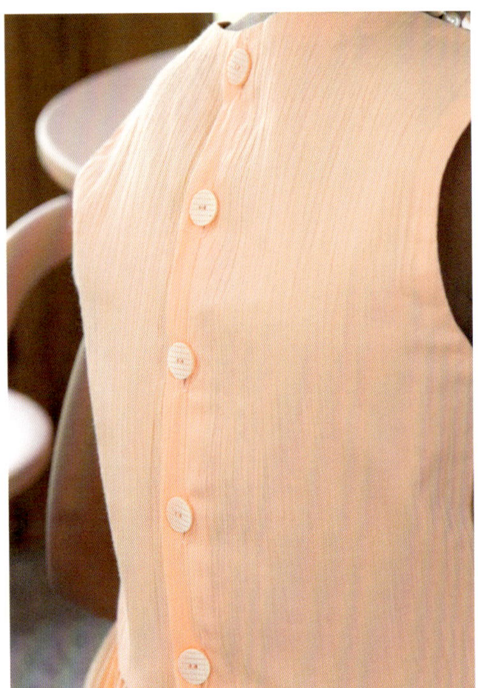

Sweet Caramel Cake mit
Ärmelausschnitt Ini

Sweet Caramel Bubble mit Ärmel Dang und Kragen Minky

Creamy Vanilla Pop
mit Ärmelausschnitt
Ini und Kragen Tinky

Creamy Vanilla Pop mit Ärmelausschnitt Ini und Kragen Tinky

Sweet Caramel Bubble mit Ärmel Dang und Kragen Minky

Candy mit Ärmel Tac und
Tasche Winy

L123

Candy mit Ärmel Tac und Tasche Winy

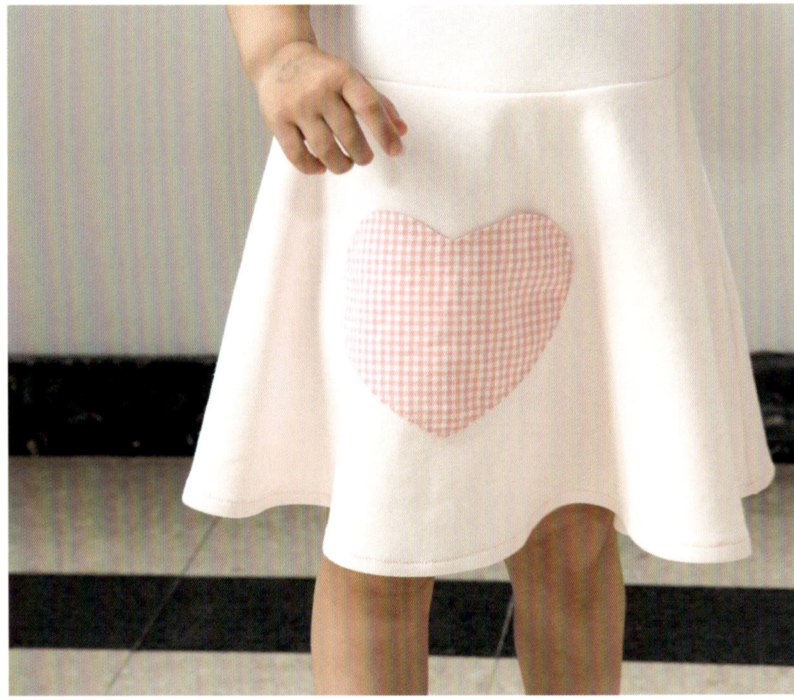

Sweet Vanilla Bubble
mit Ärmel Tic und Tasche Tiny

Candy
mit Ärmel Toc und
Rüschensaum Twirly

Fluffy Caramel Bubble
mit Ärmel Ding und Gesicht Foxy

Sweet Vanilla Cake
mit Ärmel Mini und Kragen Winky

Sweet Chocolate Bubble mit
Ärmel Ding und Rüschensaum
Twirly

Creamy Vanilla Cake
mit Ärmel Tic/Cuffy
und Kragen Winky

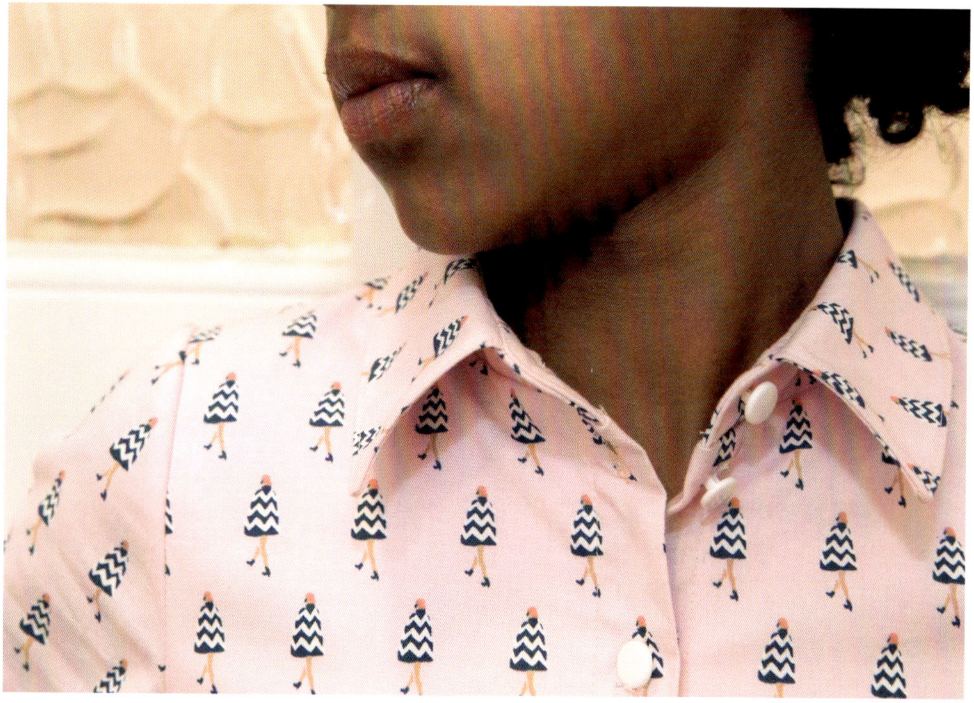

Fluffy Caramel Cake mit Ärmel Mini
und Gesicht Snowy

Fluffy Caramel Cake
mit Ärmel Mini
und Gesicht Snowy

Candy mit Ärmel Ding ohne Gummiband

Fluffy Vanilla Cake mit Ärmel Tac und Rüschenbesatz Curly

Fluffy Vanilla Pop mit
Ärmel Moe und Gesicht Bunny

Fluffy Chocolate Bubble
mit Ärmel Tac, Gesicht Foxy/Krone Queeny
und gerüschtem Ärmelabschluss Frilly

Fluffy Chocolate Bubble mit
Ärmel Tac, Gesicht Foxy/Krone Queeny
und gerüschtem Ärmelabschluss Frilly

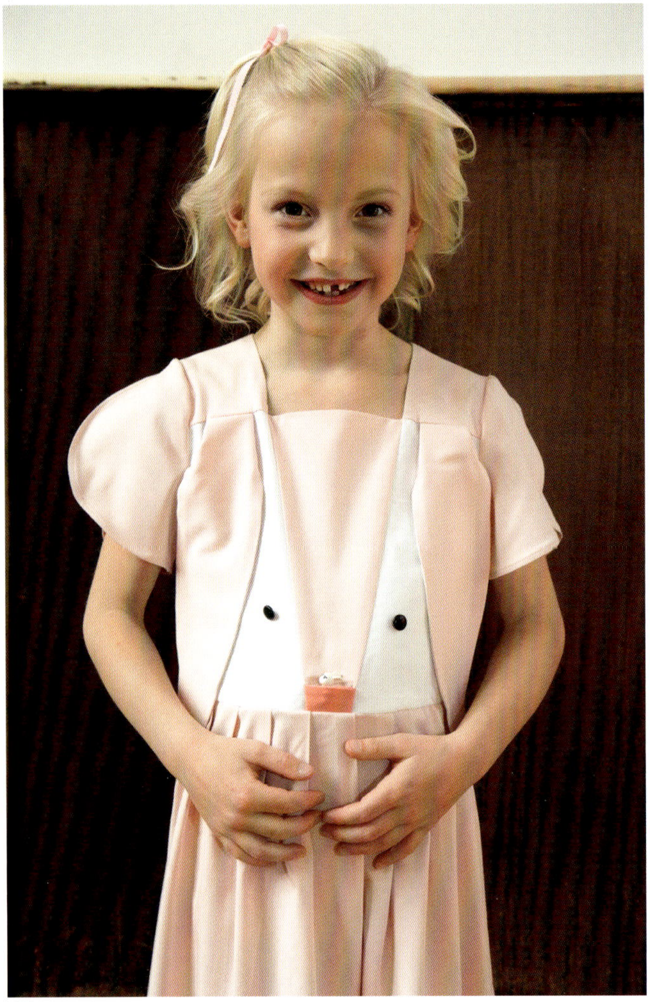

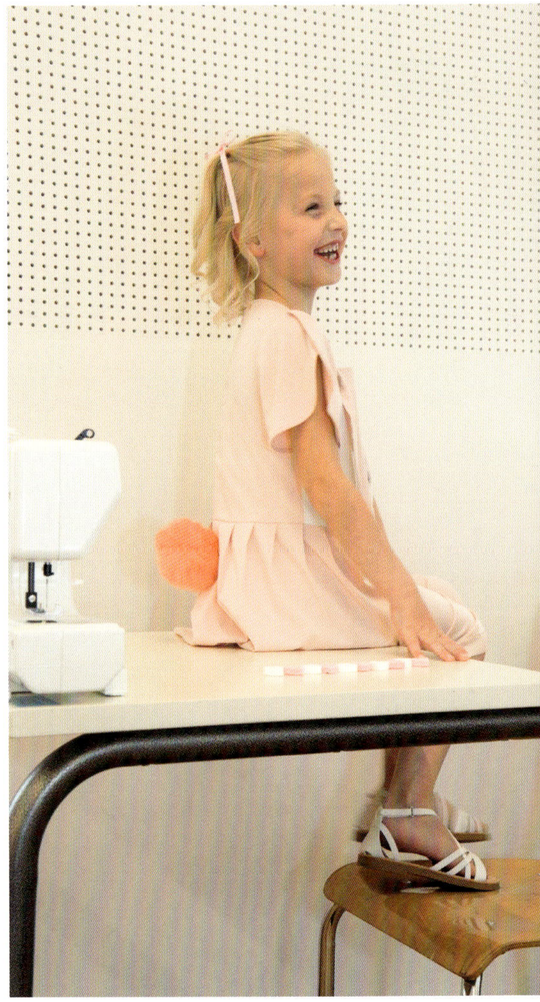

Fluffy Vanilla Pop mit Ärmel Moe und Gesicht Bunny

Sweet Vanilla Bubble mit Ärmel Dong und Kragen Tinky

Anleitungen

100 KLEIDER *nähen* *Mädchenmode*

TEIL 1

Candy, das gerade geschnittene Kleid

Für das gerade geschnittene Kleid Candy kopieren Sie die violetten Schnittmusterteile (Vorder- und Rückteil) von Schnittmusterbogen 1.

ÜBERSICHT DER CANDY-MODELLE

(Die fotografierten Kleider sind farbig hinterlegt)

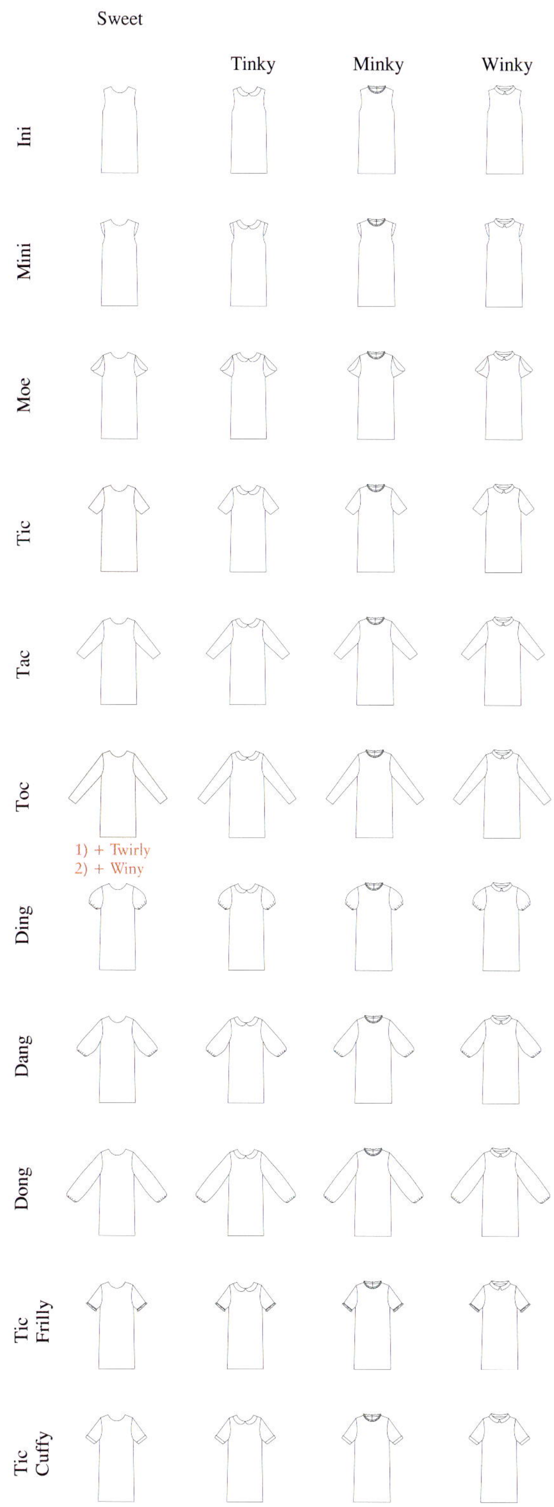

SCHNITTAUFLAGEPLÄNE

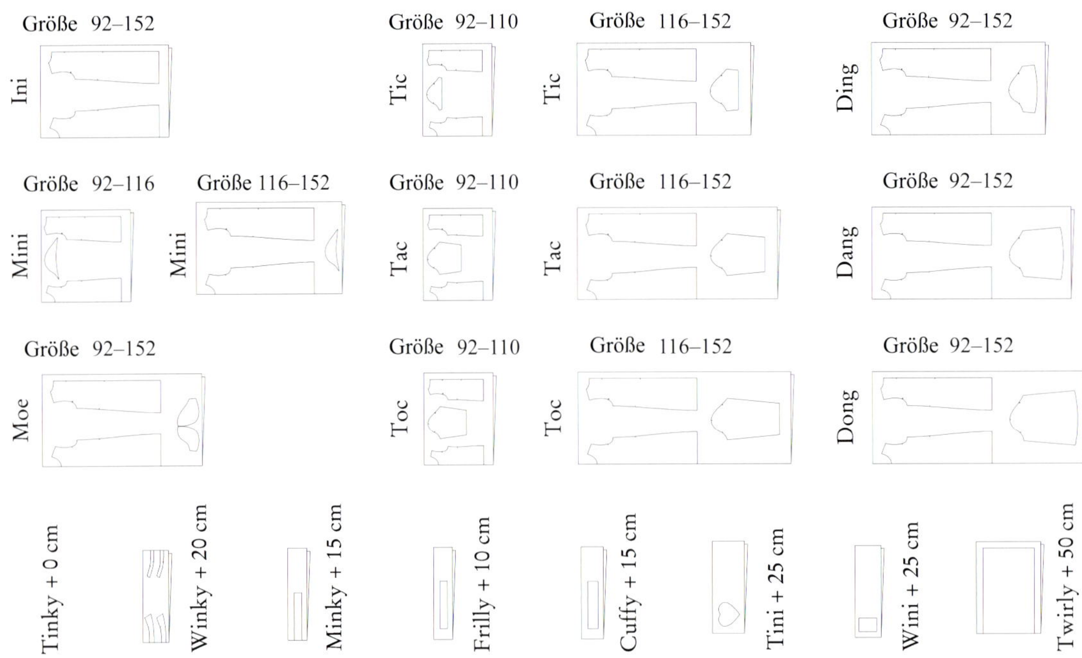

GESAMTE STOFFLÄNGE (IN CM)

	92	98	104	110	116	122	128	134	140	146	152
Mit Ärmel											
Ini	55	60	65	70	70	75	80	85	90	95	100
Mini	55	60	65	70	85	90	95	100	105	110	115
Moe	75	80	85	90	90	95	100	105	110	115	120
Tic	55	60	65	70	95	100	110	115	120	125	130
Tac	55	60	65	70	110	115	125	130	140	145	150
Toc	55	60	65	70	120	125	135	140	150	155	160
Ding	75	80	85	90	95	100	110	115	120	125	130
Dang	110	115	120	130	135	140	155	160	165	170	175
Dong	115	120	125	135	140	145	160	165	170	175	180
Zusätzlich für Kragen											
Tinky	+ 0	+ 0	+ 0	+ 0	+ 0	+ 0	+ 0	+ 0	+ 0	+ 0	+ 0
Winky	+ 20	+ 20	+ 20	+ 20	+ 20	+ 20	+ 20	+ 20	+ 20	+ 20	+ 20
Minky	+ 15	+ 15	+ 15	+ 15	+ 15	+ 15	+ 15	+ 15	+ 15	+ 15	+ 15
Zusätzlich für Extras											
Frilly	+ 10	+ 10	+ 10	+ 10	+ 10	+ 10	+ 10	+ 10	+ 10	+ 10	+ 10
Cuffy	+ 15	+ 15	+ 15	+ 15	+ 15	+ 15	+ 15	+ 15	+ 15	+ 15	+ 15
Tiny	+ 25	+ 25	+ 25	+ 25	+ 25	+ 25	+ 25	+ 25	+ 25	+ 25	+ 25
Winy	+ 25	+ 25	+ 25	+ 25	+ 25	+ 25	+ 25	+ 25	+ 25	+ 25	+ 25
Twirly	+ 50	+ 50	+ 50	+ 50	+ 50	+ 50	+ 50	+ 50	+ 50	+ 50	+ 50

MATERIAL

- Stoff (Stofflänge: siehe Schnittauflagepläne auf Seite 78)
- Futterstoff (Stofflänge: siehe Schnittauflagepläne auf Seite 78)
- Verdeckter Reißverschluss: Länge 30 cm (Größe 92–98), 35 cm (Größe 104–128), 45 cm (Größe 134–152)
- Universalnähgarn in der passenden Farbe
- 30 cm Einlage (für Kragen Tinky und Kragen Winky)
- Gummiband (Breite 0,5 cm): siehe Tabelle unter dem Ärmel auf Seite 113 (nur für Ärmel Ding, Dang oder Dong)

NAHTZUGABE

Die Nahtzugabe ist nicht im Schnittmuster inbegriffen.

- Ringsherum: 1 cm
- Im Stoffbruch: 0 cm
- Ärmelsäume: 2 cm
- Rocksäume: 3 cm

Ausnahmen: Saum am Capärmel Mini, Trompetenärmel Moe und an den Ärmeln von Cuffy oder Frilly: 1 cm

ZUSCHNEIDEN DER BASISTEILE

- 1 × Vorderteil aus Stoff im Stoffbruch (A)
- 1 × Vorderteil aus Futterstoff im Stoffbruch, bis an die Schnittkante des Futterstoffs (A')
- 2 × Rückteil aus Stoff (B)
- 2 × Rückteil aus Futterstoff, bis an die Schnittkante des Futterstoffs (B')

ZUSCHNEIDEN DER EXTRAS (NACH WAHL)

Für die Kragen

- Tinky: 2 × aus Stoff (D), 2 × aus Belegstoff (D')
- Minky: 1 × aus Stoff im Stoffbruch (D)
- Winky: Unterkragen mit der vorderen Mitte im Stoffbruch 2 × aus Stoff, Kragen 2 × aus Stoff (D) und 2 × aus Futterstoff (D')

Für die Ärmel

- Ini: keine Schnittmusterteile
- Mini: 2 × aus Stoff (E), 2 × aus Futterstoff (E')
- Moe, Tic, Tac, Toc, Ding, Dang, Dong: 2 × aus Stoff (E)

Für die Extras

- Twirly: 2 × aus Stoff im Stoffbruch
- Frilly: 2 × aus Stoff
- Cuffy: 2 × aus Stoff
- Tiny: 2 × aus Stoff (je Tasche)
- Winy: 1 × aus Stoff (je Tasche)

ZU VERSTÄRKENDE TEILE

- Tinky: 2 × Kragen aus Stoff
- Winky: 2 × Unterkragen, 2 × Kragen aus Stoff
- Cuffy: 2 ×
- Tiny: 2 ×

ACHTUNG!

- Lesen Sie das Kapitel über Kragen (ab Seite 114), welches beschreibt, wie der von Ihnen ausgewählte Kragen zu verarbeiten ist. Lesen Sie das Kapitel über Ärmel (ab Seite 106), welches beschreibt, wie Sie die Ärmel anfertigen müssen. Entscheiden Sie sich für Ärmel Ding, Dang, Dong oder Tic, Tac, Toc und keinen Kragen, dann können Sie einfach die Arbeitsanleitung befolgen.
- Markieren Sie stets die vordere Mitte und/ oder die hintere Mitte an den Teilen im Stoffbruch mit einem kleinen Einschnitt (2 mm).
- Die Oberteile der Kleider sind gefüttert. Sie können das Futter aber auch weglassen und den Halsausschnitt (und die Armausschnitte,

wenn Sie Ini oder Mini gewählt haben) mit Schrägband versäubern. Versäubern Sie dann nach jedem Schritt alle Kanten (außer dem Halsausschnitt) der Schnittmusterteile mit Zickzackstich oder einer Overlocknaht. Befolgen Sie die Arbeitsanleitungen auf Seite 23 „Mit Schrägband versäubern“.

- Wenn Sie dieses Kleid aus Trikotstoff nähen wollen, dann lassen Sie den Reißverschluss weg und befolgen die Anleitung auf Seite 20.

WEITERE INFORMATIONEN

Über das Anpassen von Schnittmustern: Seite 18
Über Nähtechniken: Seite 22
Über Ärmel: Seite 106
Über Kragen: Seite 114
Über weitere Optionen: Seite 126

ANLEITUNG

Vorderteil und Rückteil des Kleids

1. Markieren Sie die vordere Mitte am Stoff mit einem kleinen Einschnitt (2 mm) in der Nahtzugabe. Versäubern Sie die Seitennähte und die mittlere Rücknaht mit einem Zickzackstich oder mit einer Overlocknaht. Gehen Sie bei den Teilen aus Futterstoff genauso vor.

2. Stecken und steppen Sie die Schulternähte des Rückteils und des Vorderteils rechts auf rechts und bügeln Sie die Nähte auseinander. Gehen Sie bei den Teilen aus Futterstoff genauso vor.

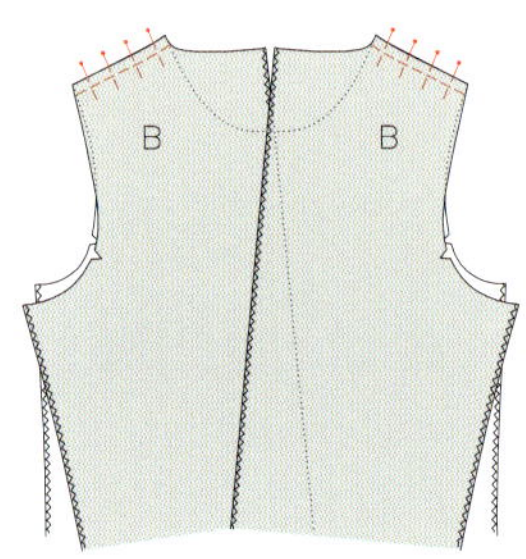

Verarbeitung des Halsausschnitts

3. Nähen Sie den Kragen, wenn Sie einen möchten (ab Seite 114). Legen Sie die Kragenteile mit der linken Stoffseite auf die rechte Stoffseite des Halsausschnitts (gemäß der Beschreibung für den ausgewählten Kragen) und legen Sie darauf den Futterstoff, sodass die Markierungen und Schulternähte aufeinanderliegen und die rechte Stoffseite nach unten zeigt. Stecken Sie die Halskante und steppen Sie durch alle Lagen. Gehen Sie genauso bei den Modellen ohne Kragen vor, aber lassen Sie den Kragen weg.

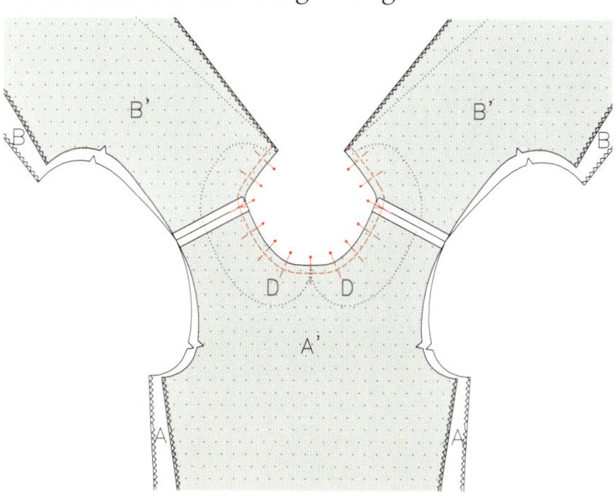

4. Schneiden Sie den Halsausschnitt auf 5 mm zurück. Knipsen Sie die Halsrundung mit kleinen Schnitten bis kurz vor der Naht ein, damit sich der Ausschnitt schön um den Hals legt (je enger die Rundung, desto öfter müssen Sie einschneiden).

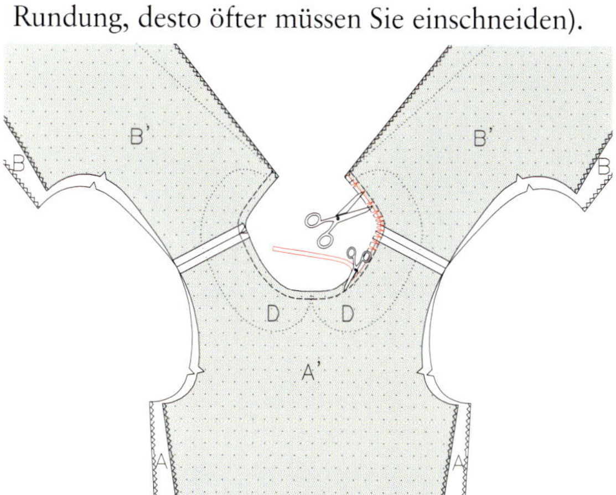

5. Bügeln Sie die Nähte zum Futterstoff hin und steppen Sie die Nahtzugabe aller Lagen an das Futter ungefähr 2 mm von der Halskante, um zu verhindern, dass der Futterstoff hochrutscht und beim Tragen sichtbar wird.

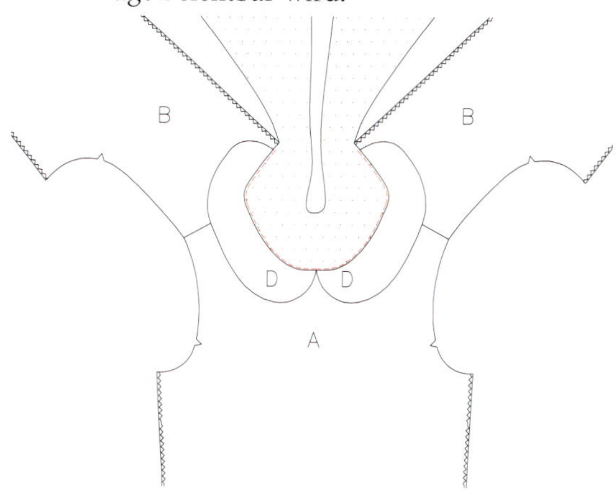

Ärmel

Lesen Sie die Beschreibung für Ihren Ärmel und positionieren Sie ihn wie folgt:

6. Wenn Sie sich für das ärmellose Modell Ini oder den Ärmel Mini entscheiden, befolgen Sie die Beschreibung ab Seite 108 (Ärmel nähen, Futter in den Armausschnitten auf Stoff steppen, umdrehen und Seitennähte feststeppen) und gehen Sie zu Schritt 14.

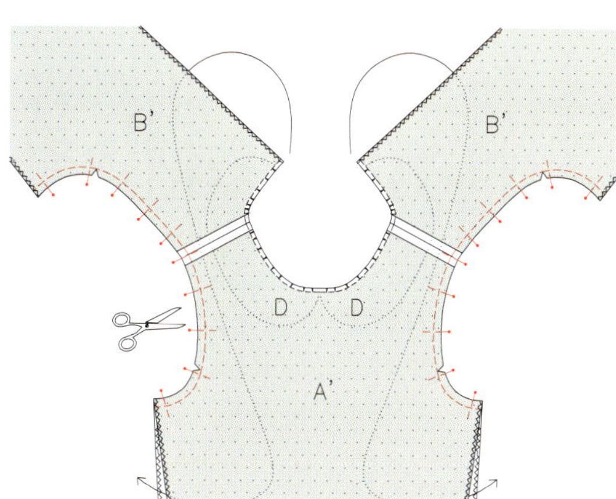

Für die übrigen Ärmel

7. Stecken und steppen Sie die Seitennähte des Kleids rechts auf rechts. Gehen Sie genauso mit den Futterstoffteilen vor. Versäubern Sie den Saum des Futterstoffs mit einem Zickzackstich oder einer Overlocknaht.

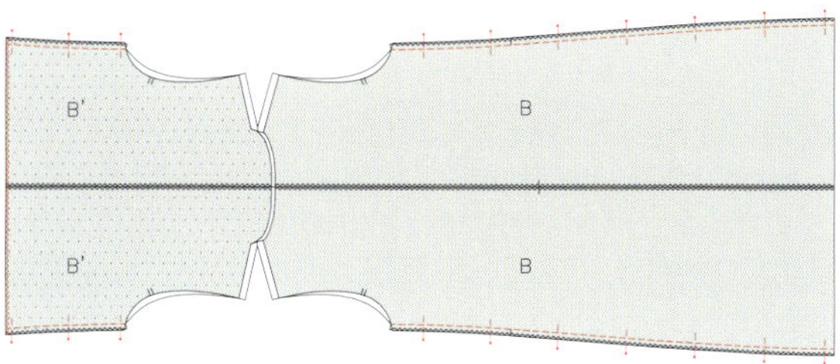

8. Versäubern Sie die Seitenkanten und die Saumkante der Ärmel mit einem Zickzackstich oder einer Overlocknaht.

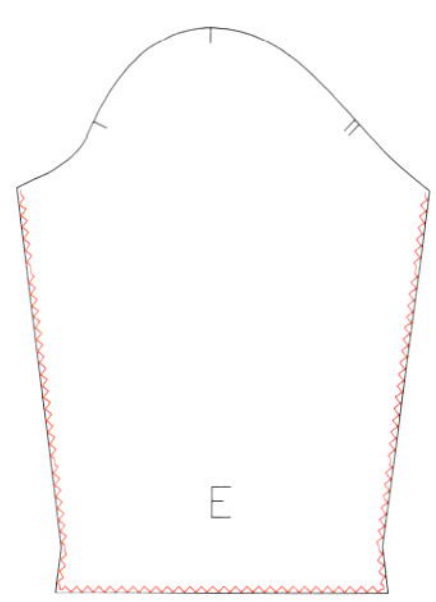

9. Stecken und steppen Sie die Seitennähte des Ärmels rechts auf rechts. Bügeln Sie die Ärmelnaht auseinander.

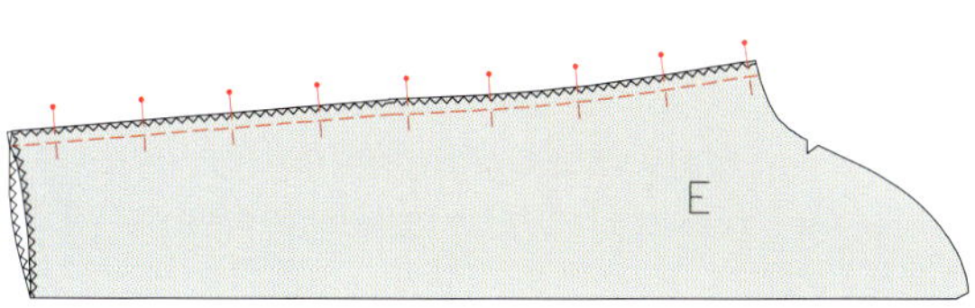

10. Wenden Sie den Ärmel auf links, sodass die rechte Seite außen ist. Stecken Sie die Ärmel rechts auf rechts in die Armausschnitte. Legen Sie die Unterarmnaht des Ärmels genau auf die des Kleids, richten Sie dann die Markierung der Oberseite des Ärmels an der Schulternaht aus und stecken Sie die einfache Markierung am Armausschnitt des Vorderteils und die doppelte an die des Rückteils fest. So können Sie sicher sein, dass der linke Ärmel im linken Armausschnitt und der rechte Ärmel im rechten Armausschnitt sitzt. Der Ärmel soll etwas größer als der Armausschnitt sein, damit der Ärmel nicht zu eng am Körper anliegt, Bewegungsfreiheit bietet und schöner fällt. Stecken Sie den Ärmel mit vielen Stecknadeln am Armausschnitt fest, wobei Sie den Stoff des Ärmels so gleichmäßig wie möglich über den Armausschnitt verteilen müssen. Steppen Sie den Ärmel in den Armausschnitt, beginnend an der Unterarmnaht, wobei der Ärmel unten liegt. Knipsen Sie die Nahtzugabe bis kurz vor der Naht ein und bügeln Sie die Naht zum Oberteil hin. Stecken Sie den Armausschnitt von Futter und Stoff aneinander und steppen Sie 0,75 cm von der Kante. Versäubern Sie den Armausschnitt mit einem Zickzackstich oder einer Overlocknaht.

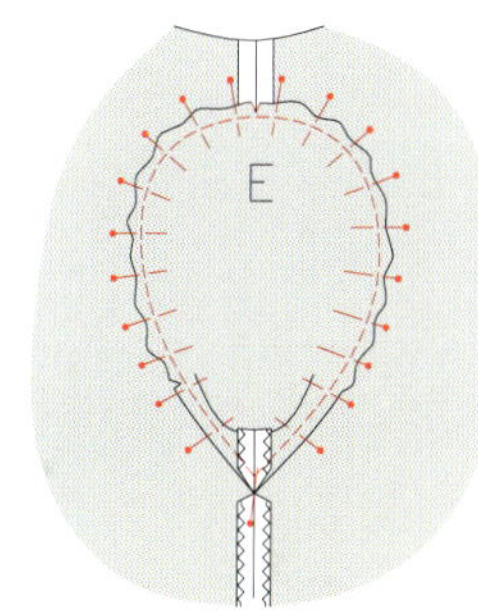

Reißverschluss

11. Befestigen Sie den verdeckten Reißverschluss, wie auf Seite 22 angegeben. Stecken und steppen Sie danach den Rest der Rücknaht rechts auf rechts bis zum Reißverschluss. Bügeln Sie die Naht auseinander.

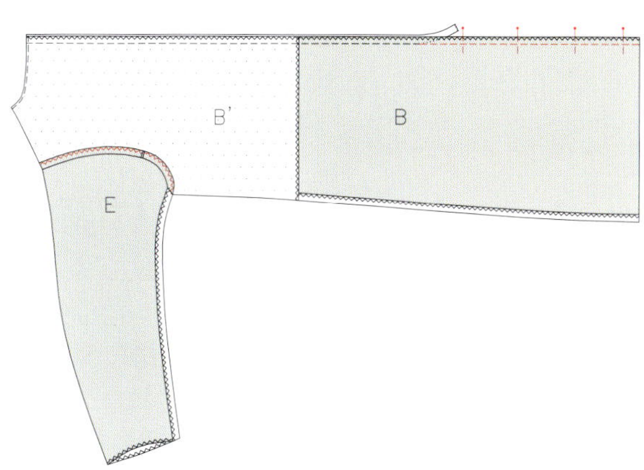

12. Stecken Sie die hintere Mittelnaht des Futters mit der rechten Stoffseite auf die Kleidernaht und steppen Sie die Naht mit einem normalen Reißverschlussfüßchen ordentlich auf der Naht neben dem Reißverschluss fest. Schneiden Sie die Ecke darüber ab und wenden Sie das Kleid auf die rechte Seite. Schließen Sie den Reißverschluss und bügeln Sie die hintere Mittelnaht. Nähen Sie die Nahtzugabe des Futters mit der Hand mit ein paar Stichen an die des Kleids.

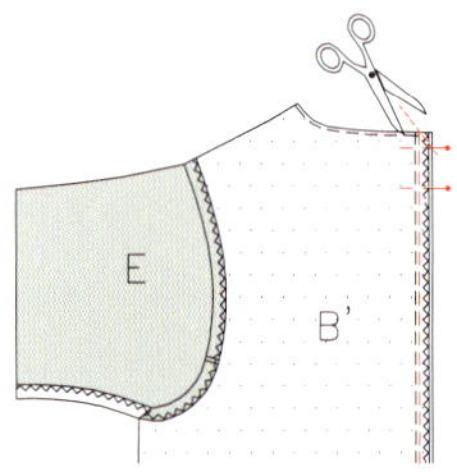

Fertigstellung

13. Versäubern Sie den Rocksaum mit einem Zickzackstich oder einer Overlocknaht. Bügeln Sie den Stoff 3 cm um und steppen Sie den Saum mit einer Stichlänge von 3.

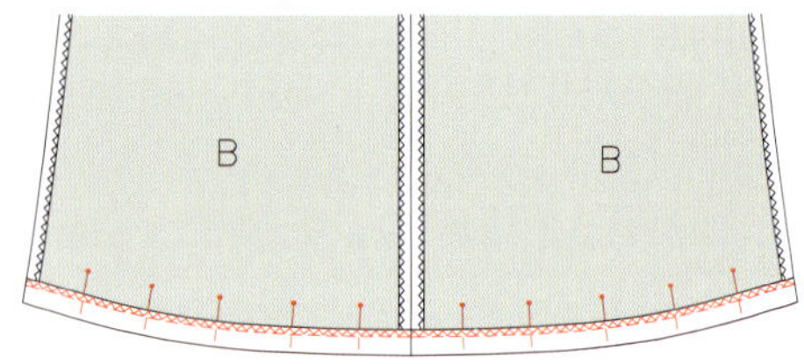

14. Versäubern Sie den Ärmelsaum (nicht beim Capärmel und bei der ärmellosen Variante): Bügeln Sie 2 cm zur Innenseite des Ärmels hin und steppen Sie mit einer Stichlänge von 3. Wenn Sie Ärmel Ding, Dang oder Dong wählen, lassen Sie eine Öffnung von 1 cm auf Höhe der Ärmelnaht und ziehen Sie ein Gummiband in den Tunnel ein. (Weitere Informationen auf Seite 112)

Tic
Tac
Toc

Ding
Dang
Dong

15. Bügeln Sie nochmals alles zur Innenseite hin, schneiden Sie eventuell herunterhängende Fäden ab und freuen Sie sich über das neue Kleidchen!

TEIL 2

Das Kombinationskleid

Sie können das Kleid ganz nach Ihrem Geschmack zusammenstellen. Wählen Sie eines der drei Oberteile aus: Sweet mit einer glatten Vorderseite, Creamy mit einer Knopfleiste oder Fluff, das aus mehreren Teilen besteht. Wählen Sie dann das Rückteil aus: Vanilla mit einem verdeckten Reißverschluss, Caramel mit Knöpfen am Rücken oder Chocolate mit einer fröhlichen Schleife am Ausschnitt. Dazu ein hübscher Rock. Sie haben die Wahl zwischen dem Tellerrock Bubble, dem angekrausten Rock Cake oder dem Rock Pop mit Falten.

Die Vorderteile sind auf dem Schnittmusterbogen in Schwarz, die Rückteile in Blau und die Röcke in Rot aufgezeichnet.

GRUNDMODELLE

Vorderteil

Sweet

Creamy

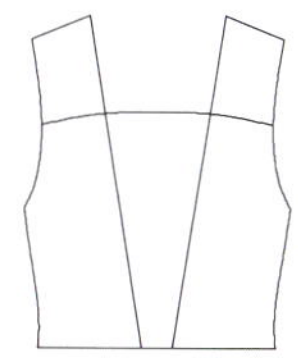

Fluffy

Rückteil

Vanilla

Caramel

Chocolate

Rock

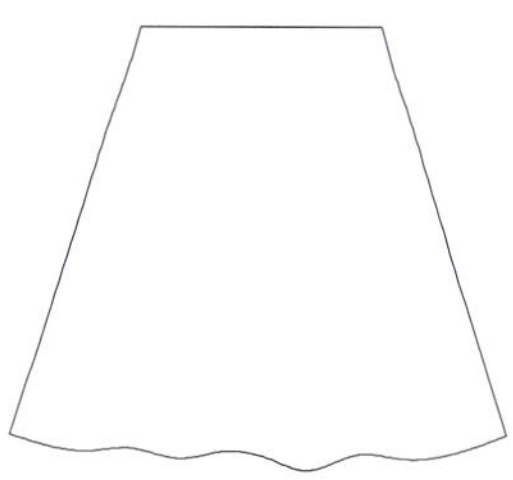

Bubble

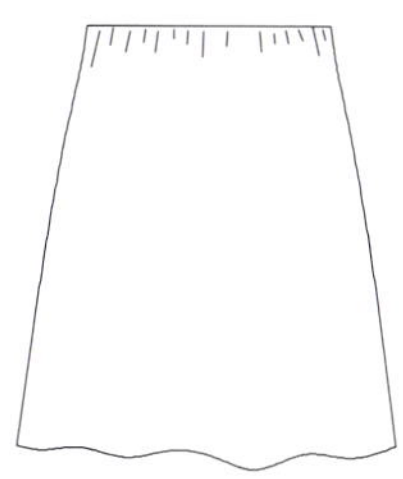

Cake

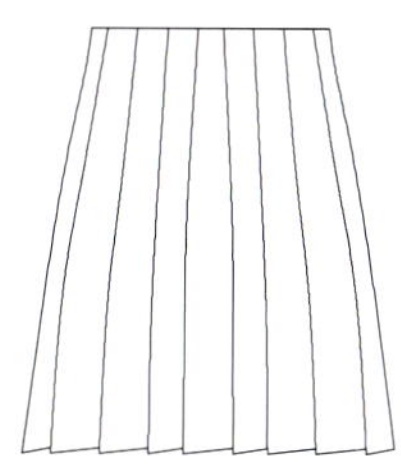

Pop

ÜBERSICHT DER MODELLE

auf den folgenden 6 Seiten

(Die fotografierten Kleider sind farbig hinterlegt)

Sweet
Creamy
Tinky
Minky
Winky
Tinky
Minky
Winky
Ini
Mini
Moe
Tic
+ Tiny
Tac
Toc
Ding
+ Twirly
Dang
Dong
Tic Frilly
Tic Cuffy

Bubble

Fluffy

Foxy Snowy Bunny Curly Queenie

Sweet
Creamy
Tinky
Minky
Winky
Tinky
Minky
Winky
Ini
Mini
Moe
Tic
Tac
Toc
Ding
Dang
Dong
Tic Frilly
Tic Cuffy

Cake

Fluffy

Foxy Snowy Bunny Curly Queenie

Sweet
Tinky
Minky
Winky
Creamy
Tinky
Minky
Winky
Ini
Mini
Moe
Tic
Tac
Toc
Ding
Dang
Dong
Tic Frilly
Tic Cuffy

Fluffy

Foxy Snowy Bunny Curly Queenie

Pop

SCHNITTAUFLAGEPLÄNE

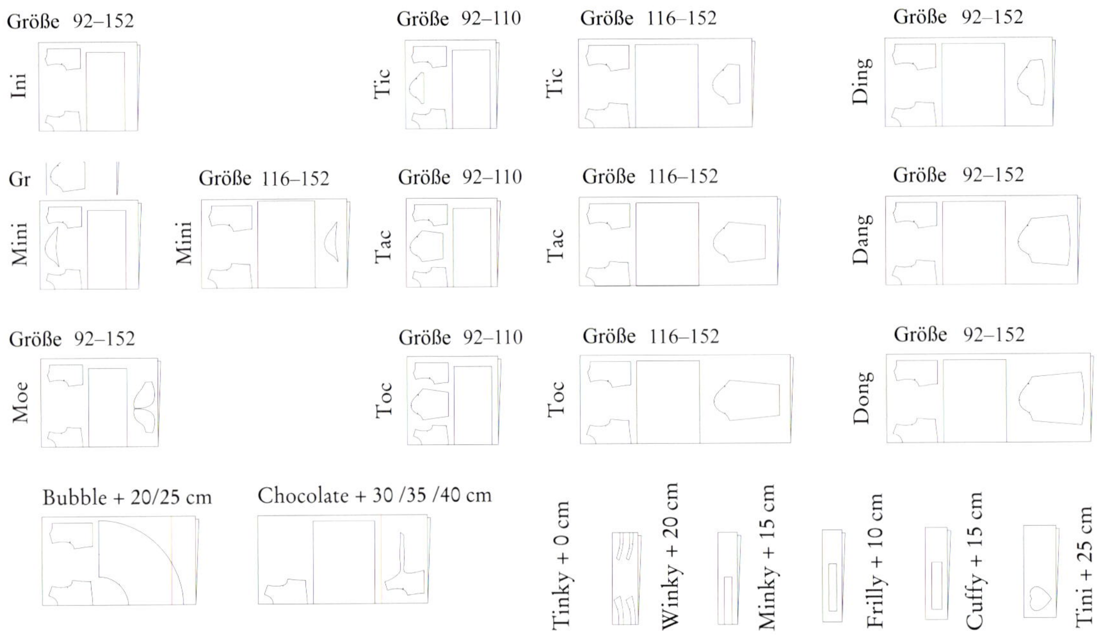

GESAMTE STOFFLÄNGE (IN CM)

	92	98	104	110	116	122	128	134	140	146	152
Mit Ärmel											
Ini	65	70	75	80	80	85	90	95	180	185	190
Mini	65	70	75	80	95	100	105	110	195	200	205
Moe	85	90	95	100	100	105	110	115	200	205	210
Tic	65	70	75	80	105	110	120	125	210	215	220
Tac	65	70	75	85	120	125	135	140	230	235	240
Toc	70	75	80	90	130	135	145	150	240	245	250
Ding	85	90	95	100	105	110	120	125	210	215	220
Dang	120	125	130	140	145	150	165	170	255	260	265
Dong	125	130	135	145	150	155	170	175	260	265	270
Zusätzlich für Chocolate und Bubble											
Chocolate	+30	+30	+35	+35	+35	+35	+35	+40	+40	+40	+40
Bubble	+20	+20	+20	+20	+20	+25	+25	+25	+25	+25	+25
Zusätzlich für Kragen											
Tinky	+ 0	+ 0	+ 0	+ 0	+ 0	+ 0	+ 0	+ 0	+ 0	+ 0	+ 0
Winky	+ 20	+ 20	+ 20	+ 20	+ 20	+ 20	+ 20	+ 20	+ 20	+ 20	+ 20
Minky	+ 15	+ 15	+ 15	+ 15	+ 15	+ 15	+ 15	+ 15	+ 15	+ 15	+ 15
Zusätzlich für Extras											
Frilly	+ 10	+ 10	+ 10	+ 10	+ 10	+ 10	+ 10	+ 10	+ 10	+ 10	+ 10
Cuffy	+ 15	+ 15	+ 15	+ 15	+ 15	+ 15	+ 15	+ 15	+ 15	+ 15	+ 15
Tiny	+ 25	+ 25	+ 25	+ 25	+ 25	+ 25	+ 25	+ 25	+ 25	+ 25	+ 25
Winy	+ 25	+ 25	+ 25	+ 25	+ 25	+ 25	+ 25	+ 25	+ 25	+ 25	+ 25
Twirly	+ 100	+ 100	+ 100	+ 100	+ 100	+ 100	+ 100	+ 100	+ 100	+ 100	+ 100

MATERIAL

- Stoff (Stofflänge: siehe Schnittauflagepläne auf Seite 94)
- Futterstoff (Stofflänge: siehe Schnittauflagepläne auf Seite 94)
- Verdeckter Reißverschluss: 30 cm (Größe 92–98), 35 cm (Größe 104–128), 45 cm (Größe 134–152) (nur für das Rückteil Vanilla)
- Knöpfe (Ø 11 mm): 5 Stück (Größe 92–98), 6 Stück (Größe 104–128), 7 Stück (Größe 134–152) (nur für Oberteil Creamy oder Rückteil Caramel)
- 1 (zusätzlicher) Knopf (Ø 8 mm, nur für Kragen Tinky)
- Druckknopf (Ø 11 mm) (nur für Oberteil Creamy und Rückteil Caramel und Chocolate)
- Universalnähgarn in den entsprechenden Farben
- 30 cm Verstärkung (nur für Kragen und Oberteil Creamy und Rückteil Caramel mit Knöpfen)
- Gummiband (Breite 0,5 cm): siehe Tabelle unter dem Ärmel auf Seite 113 (nur für Ärmel Ding, Dang oder Dong)

NAHTZUGABE

Die Nahtzugabe ist nicht im Schnittmuster inbegriffen.

- Ringsherum: 1 cm
- Im Stoffbruch: 0 cm
- Ärmelsäume: 2 cm
- Rocksäume: 3 cm

Ausnahmen: Saum des Capärmels Mini, des Trompetenärmels Moe und der Ärmel von Cuffy oder Frilly: 1 cm

Rock Bubble: Saum 1 cm; Naht des Rockbesatzes; Foxy, Snowy, Bunny, Queeny, Tiny und Winy: 0 cm (im Schnittmuster inbegriffen)

ZUSCHNEIDEN DER BASISTEILE

Für Kleid Sweet

- 1 × Vorderteil des Oberteils aus Stoff im Stoffbruch (A)
- 1 × Vorderteil des Oberteils aus Futterstoff im Stoffbruch (A')
- 2 × Rückteil des Oberteils aus Stoff (B)
- 2 × Rückteil des Oberteils aus Futterstoff (B')
- 1 × Rock aus Stoff im Stoffbruch (C)

Für Kleid Creamy

- 2 × Vorderteil des Oberteils aus Stoff (A)
- 2 × Vorderteil des Oberteils aus Futterstoff bis an die Schnittkante des Futterstoffs (A')
- 1 × Rückteil des Oberteils Vanilla aus Stoff, wobei die hintere Mittelnaht im Stoffbruch liegt (B)
- 1 × Rückteil des Oberteils Vanilla aus Futterstoff im Stoffbruch (B')
- 1 × Rock im Stoffbruch aus Stoff (C)
- 1 × geteiltes Schnittmuster (F)

Für Kleid Fluffy

- 1 × Vorderteil des Oberteils aus Stoff im Stoffbruch (A1)
- 1 × Vorderteil des Oberteils aus Futterstoff im Stoffbruch (A1')
- 2 × Schulterteil des Oberteils aus Stoff (A2)
- 2 × Schulterteil des Oberteils aus Futterstoff (A2')
- 2 × Seitenteil des Oberteils aus Stoff (A3)
- 2 × Seitenteil des Oberteils aus Futterstoff (A3')
- 2 × Rückteil des Oberteils aus Stoff (B)
- 2 × Rückteil des Oberteils aus Futterstoff (B')
- 1 × Rock aus Stoff im Stoffbruch (C)

Zusätzlich für das Rückteil Caramel und Chocolate

- 1 × geteiltes Schnittmuster (F)

ZUSCHNEIDEN DER EXTRAS (NACH WAHL)

Für die Kragen

- Tinky: 2 × aus Stoff (D), 2 × aus Futterstoff (D')
- Minky: 1 × aus Stoff im Stoffbruch (D)
- Winky: 2 × Unterkragen mit der vorderen Mitte aus Stoff im Stoffbruch, Kragen 2 × aus Stoff (D) und 2 × aus Futterstoff (D') (nur für Sweet)
- Winky: beide Teile 2 × aus Stoff, wobei die hintere Mitte im Stoffbruch liegt (D) (nur für Creamy)
- Curly: 2 × aus Stoff (D) (nur für Fluffy)

Für die Ärmel

- Ini: keine Schnittmusterteile
- Mini: 2 × aus Stoff (E), 2 × aus Futterstoff (E')
- Moe, Tic, Tac, Toc, Ding, Dang, Dong: 2 × aus Stoff (E)

Für die Extras

- Nase: 2 × aus Stoff (nur für Fluffy)
- Ohr: 2 × aus Stoff, 2 × aus Kontraststoff (nur für Fluffy)
- Queeny: 2 × aus Stoff (nur für Fluffy)
- Twirly: 2 × aus Stoff im Stoffbruch
- Frilly: 2 × aus Stoff
- Cuffy: 2 × aus Stoff
- Tiny: 2 × aus Stoff (je Tasche)
- Winy: 1 × aus Stoff (je Tasche)

ZU VERSTÄRKENDE TEILE

- Tinky: 2 × Kragen aus Stoff
- Winky: 2 × Unterkragen, 2 × Kragen (1 × für Creamy)
- Queeny: 2 × Krone (nur für Fluffy)
- Creamy und Caramel: 2 × Knopfleiste aus Bügelvlies, Breite 3,5 cm, Höhe entsprechend Schnittmuster
- Cuffy: 2 ×
- Tiny: 2 ×

ACHTUNG!

- Lesen Sie erst das Kapitel über Kragen (ab Seite 114), das beschreibt, wie der von Ihnen ausgewählte Kragen zu verarbeiten ist. Lesen Sie auch das Kapitel über Ärmel (ab Seite 106), das beschreibt, wie Sie Ihren Ärmel anfertigen müssen. Entscheiden Sie sich für Ärmel Ding, Dang, Dong oder Tic, Tac, Toc und keinen Kragen, dann können Sie einfach die Arbeitsanleitung befolgen.
- Sie können die normalen Kragen nicht mit Oberteil Fluffy oder dem Rückteil mit Schleife (Chocolate) kombinieren.
- Das Oberteil Creamy kann außerdem mit dem Rückteil mit Knöpfen (Caramel) oder dem Rückteil mit Schleife (Chocolate) kombiniert werden. Bringen Sie dann einen Rockschlitz an der Rückseite an.
- Markieren Sie stets bei den im Stoffbruch ausgeschnittenen Teilen die vordere Mitte und/oder die hintere Mitte mit einem kleinen Einschnitt (2 mm).
- Die Oberteile der Kleider sind gefüttert. Sie können das Futter aber auch weglassen und den Halsausschnitt (und die Armausschnitte, wenn Sie Ini oder Mini wählen) mit einem Schrägband versäubern. Versäubern Sie dann nach jedem Schritt alle Kanten (außer dem Halsausschnitt) der Schnittmusterteile mit Zickzackstich oder einer Overlocknaht. Befolgen Sie die Anleitungen auf Seite 23 „Mit Schrägband versäubern".
- Wenn Sie das Kleid aus Jersey nähen möchten, schneiden Sie das Rückteil von Vanilla auch im Stoffbruch aus und bringen Sie keinen Reißverschluss an. Nähen Sie das Kleid mit einem Jerseyfutter oder einem Besatz und nähen Sie stets einen dehnbaren Stich mit einer Trikotnadel, damit der Kopf Ihres Kindes durch die

- Halsöffnung passt. Eine genauere Beschreibung finden Sie auf Seite 20.
- Die Röcke in Größe 140 – 148 – 152 sind zu groß, um sie aus der Stoffbreite auszuschneiden. Schneiden Sie für diese Größen die Röcke aus der Stofflänge, der Pfeil muss dann rechtwinklig zur Stoffrichtung liegen (falten Sie hierfür den Stoff der Länge nach, um einen Stoffbruch in Querrichtung zu erhalten).

WEITERE INFORMATIONEN

Über Nähtechniken: Seite 22
Über Ärmel: Seite 106
Über Kragen: Seite 114
Über weitere Optionen: Seite 126

ANLEITUNG

Vorderteil und Rückteil des Kleids

1. Kennzeichnen Sie die Schnittmustermarkierung und die Markierung für die vordere Mitte am Stoff mit einem kleinen Einschnitt (2 mm) in der Nahtzugabe. Versäubern Sie alle Seitenkanten des Vorderteils (A) und des Rückteils (B) mit einem Zickzackstich oder einer Overlocknaht. Gehen Sie bei den Teilen aus Futterstoff (A' und B') genauso vor.

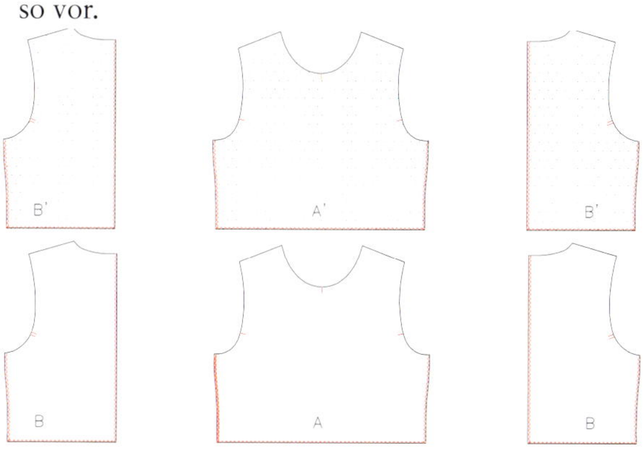

2. Nur für Fluffy: Entscheiden Sie sich für eine Tierschnauze, nähen und befestigen Sie dann zuerst die Ohren und die Nase laut Beschreibung auf Seite 122. Stecken und steppen Sie die Unterkante des Schulterteils (A3) an die Oberkante des Seitenteils (A2), wobei die Markierungen und die rechten Stoffseiten aufeinandertreffen müssen. Nähen Sie eventuell den Rüschenbesatz von Curly laut Anleitung auf Seite 121 an.

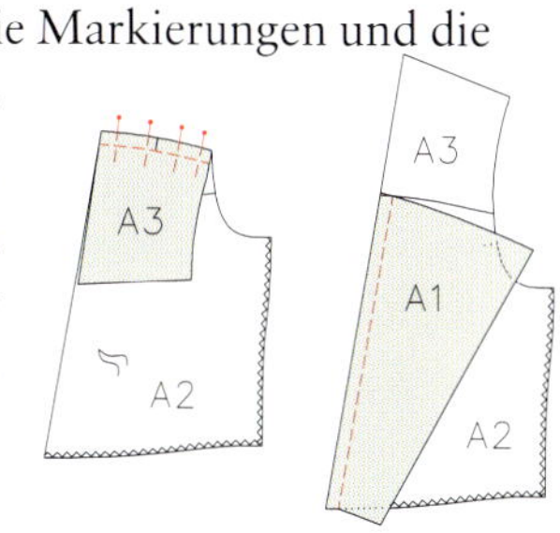

Stecken Sie das Mittelteil (A1) mit der schrägen Seite auf der Naht des Seitenteils rechts auf rechts fest. Steppen Sie die Naht und bügeln Sie die Naht in Richtung des mittleren Vorderteils. Gehen Sie bei den Teilen aus Futterstoff genauso vor.

3. Stecken und steppen Sie die Schulternähte des Rückteils und des Vorderteils rechts auf rechts und bügeln Sie die Nähte auseinander. Gehen Sie bei den Teilen aus Futterstoff genauso vor.

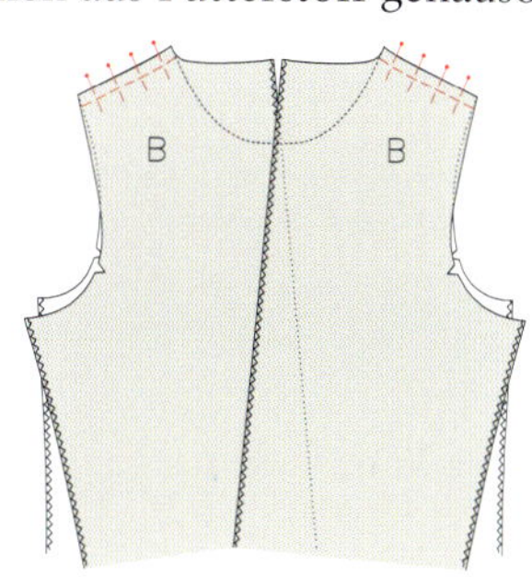

Halsausschnitt

4. Nur für Creamy und Caramel: Stecken Sie die vordere Naht (Creamy) bzw. die hintere Naht (Caramel) des Futters und des Stoffs rechts auf rechts aufeinander und steppen Sie die Naht. Bügeln Sie die Naht zum Stoff hin.

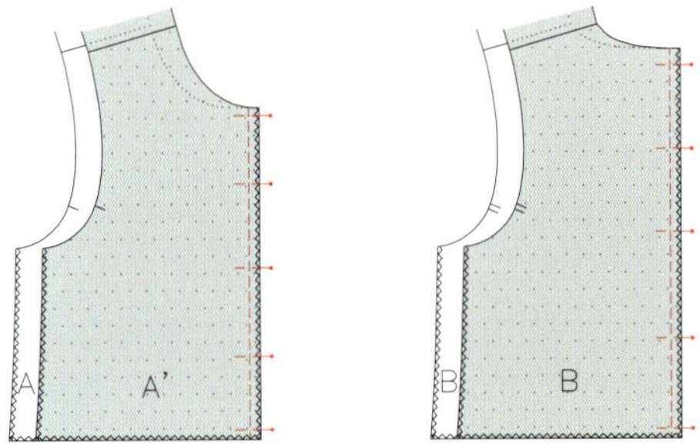

Creamy Caramel

5. Nur für Kragen: Bereiten Sie den Kragen vor und stecken Sie die Kragenteile mit der Futterseite auf die rechte Stoffseite des Oberteils am Halsausschnitt (die Markierungen müssen auf den Schulternähten liegen, so wie in der Beschreibung für den gewählten Kragen angegeben).

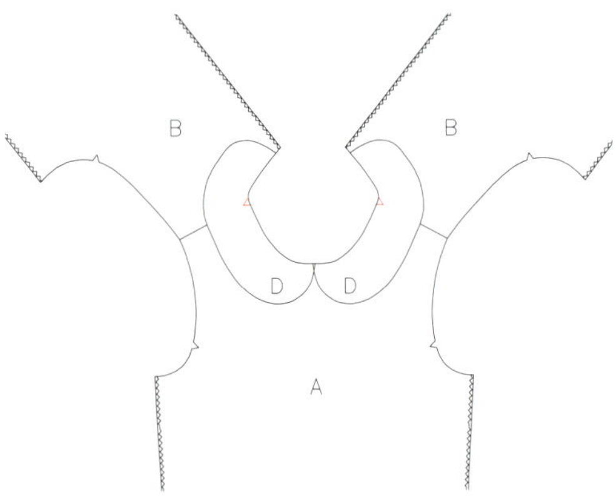

6. Stecken und steppen Sie den Halsausschnitt des Futters und des Stoffs rechts auf rechts, wobei die Markierungen und Schulternähte genau aufeinandertreffen müssen. Bei den Teilen mit Knöpfen (Creamy und Caramel) steppen Sie den Halsausschnitt bis zur senkrechten Kante fest, die Knopfleiste fällt automatisch zur zweiten Markierung hin. Wenn Sie Rückteil Chocolate gewählt haben, steppen Sie entlang der Schleifenbänder bis zur Taille des Rückteils, dann schneiden Sie die Rundungen ein und wenden die Bänder, sodass die rechte Stoffseite außen liegt.

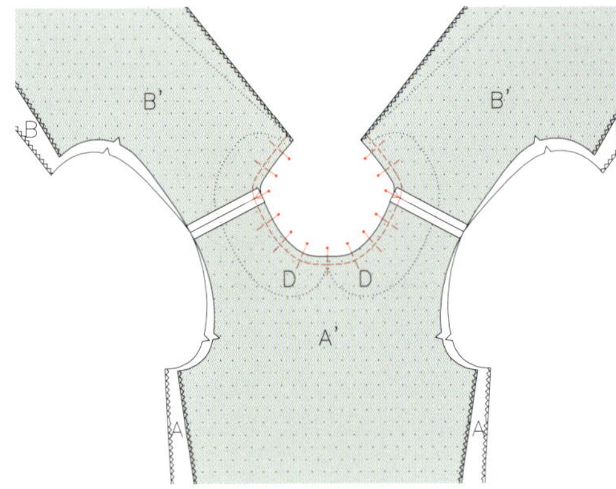

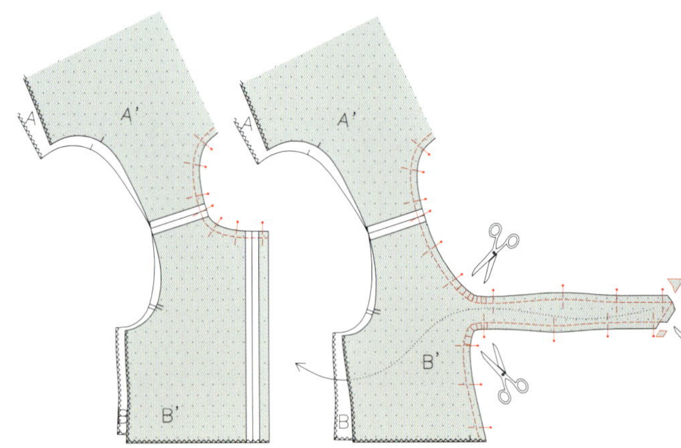

Caramel Chocolate

7. Schneiden Sie den Halsausschnitt auf 5 mm zurück. Knipsen Sie die Halsrundung mit kleinen Einschnitten bis kurz vor der Steppnaht ein, damit sich der Ausschnitt schön um den Hals legt (je enger die Rundung, desto öfter müssen Sie einknipsen).

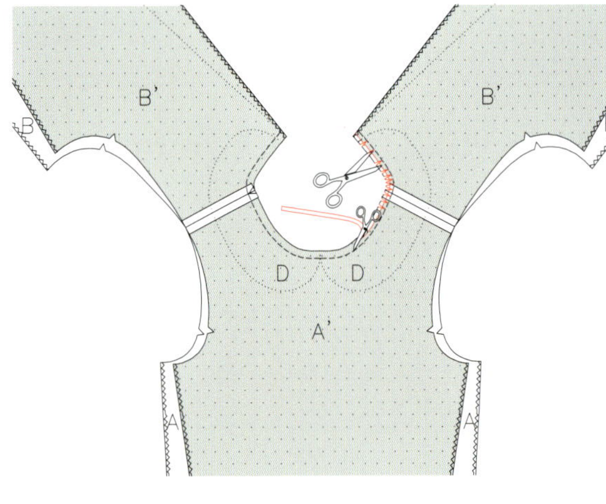

8. Bügeln Sie die Halsnähte zum Futterstoff und steppen Sie die Nahtzugabe aller Lagen ungefähr 2 mm vom Halsausschnitt an das Futter, um zu verhindern, dass der Futterstoff hochrutscht und beim Tragen sichtbar wird. (Bei Chocolate: Steppen Sie bis ca. 5 cm hinter der Schulternaht. Bei Fluffy steppen Sie bis zu den Ecken des Halsausschnitts, statt den Abstand von 2 mm einzuhalten).

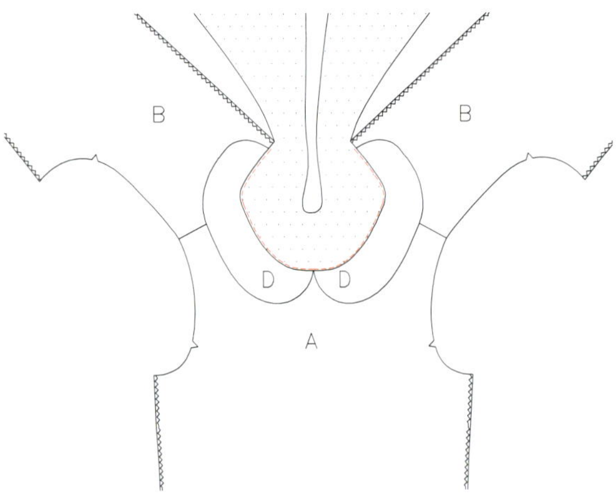

Ärmel

9. Wenn Sie sich für das ärmellose Modell Ini oder Ärmel Mini entscheiden, befolgen Sie die Beschreibung ab Seite 108 (Futterstoff der Armausschnitte auf Stoff steppen, wenden und Seitennähte feststeppen) und gehen Sie zu Schritt 14 weiter.

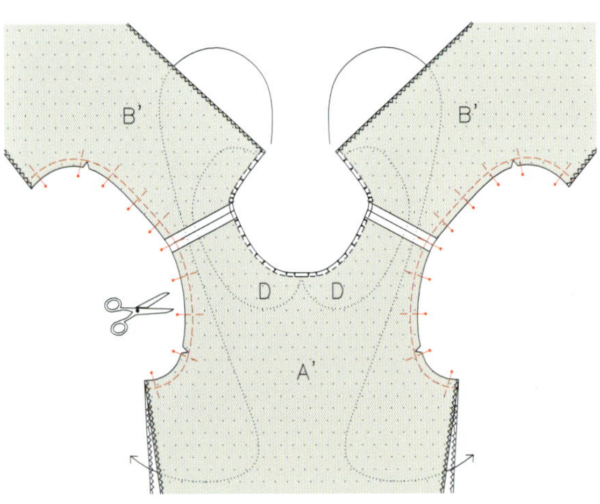

10. Für die übrigen Ärmel: Stecken Sie die Seitennähte des Kleids rechts auf rechts und steppen Sie die Naht. Gehen Sie genauso mit den Futterstoffteilen vor.

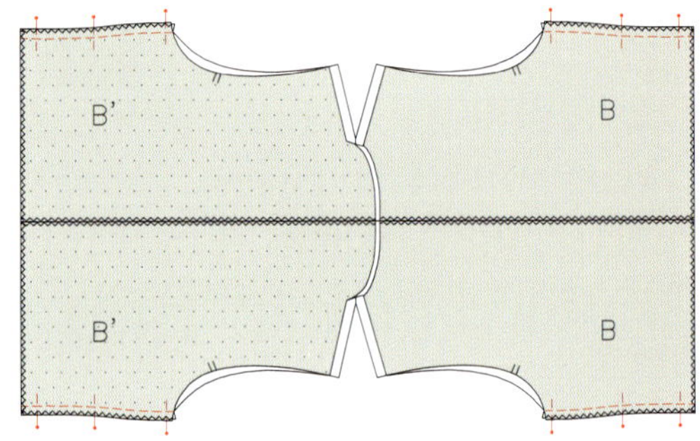

11. Versäubern Sie die Seitenkanten und die Unterkante der Ärmel.

12. Stecken und steppen Sie die Seitennähte der Ärmel rechts auf rechts. Bügeln Sie die Ärmelnähte auseinander.

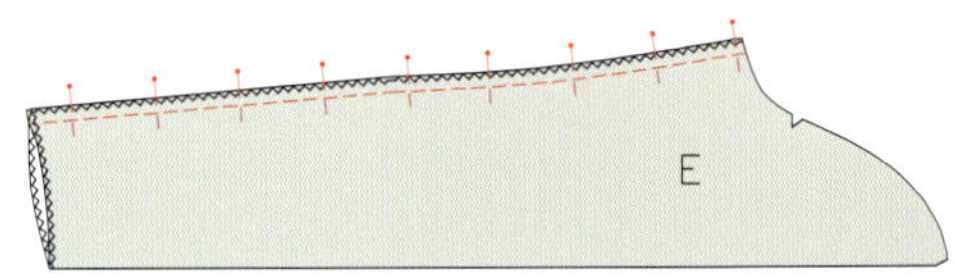

13. Wenden Sie die Ärmel, sodass die rechte Stoffseite außen ist. Stecken Sie die Ärmel in die Armausschnitte rechts auf rechts, sodass die Nähte und Markierungen aufeinandertreffen. Die einfache Markierung liegt auf der des Vorderteils, die doppelte auf der des Rückteils. So können Sie sicher sein, dass der linke Ärmel im linken Armausschnitt und der rechte Ärmel im rechten Armausschnitt sitzt. Der Ärmel soll etwas größer als der Armausschnitt sein, damit er nicht zu eng am Körper anliegt, mehr Bewegungsfreiheit bietet und schöner fällt. Stecken Sie den Ärmel mit vielen Stecknadeln am Armausschnitt fest, wobei Sie

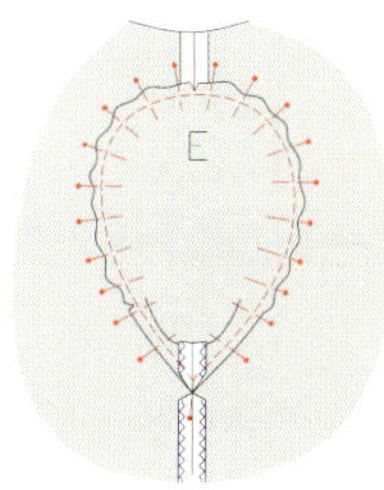

den Stoff des Ärmels so gleichmäßig wie möglich über den Armausschnitt verteilen müssen. Stecken Sie auch die Kante des Futterstoffs fest. Steppen Sie den Ärmel im Armausschnitt fest, beginnend an der Unterarmnaht, wobei der Ärmel unten liegt. Knipsen Sie die Nahtzugabe bis kurz vor der Naht ein und bügeln Sie die Naht zum Oberteil hin. Stecken Sie den Armausschnitt von Futter und Stoff aneinander und steppen Sie 0,75 cm von der Kante. Versäubern Sie den Armausschnitt mit einem Zickzackstich oder einer Overlocknaht.

14. Nur für Creamy, Caramel und Chocolate: Wenden Sie das Oberteil, sodass die rechte Stoffseite außen ist, und steppen Sie vorläufig die Taillennaht des Futterstoffs und des Stoffs links auf links an der Nahtzugabe (0,75 cm von der Kante) fest.

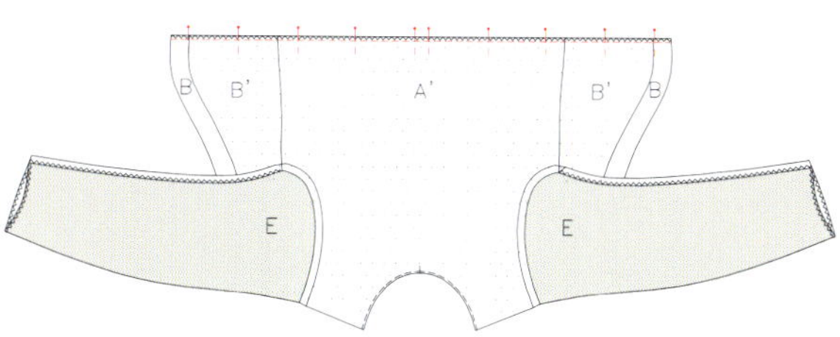

Rock

15. Nur für Creamy, Caramel und Chocolate: Bringen Sie den Schlitz am Rock an: 1. Übertragen Sie die im Schnittmuster angegebene Markierung (Kreuzchen) mit Heftgarn. Schneiden Sie den Schlitz von der Taille bis zur Markierung (rechte Linie 1,75 cm neben der Markierung ZN). 2. Falten und bügeln Sie den Beleg für den Schlitz der Breite nach (mit der rechten Stoffseite außen)

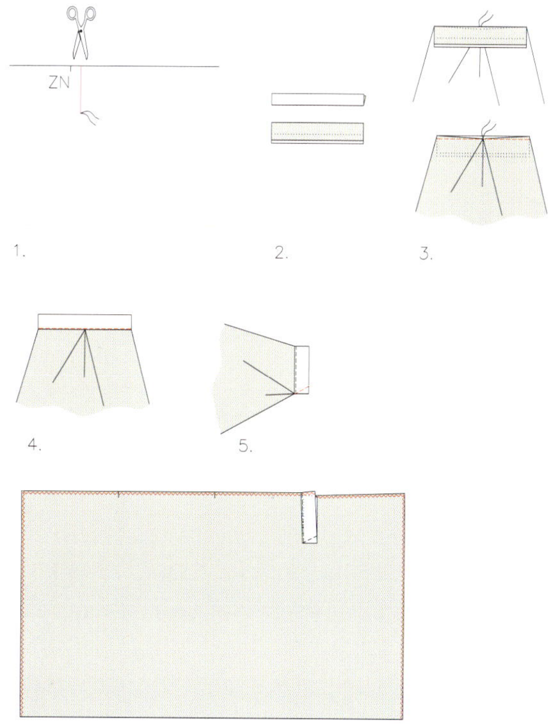

1. 2. 3. 4. 5. 6.

und bügeln Sie dann an der rechten Seite 0,5 cm nach innen. Falten Sie den Beleg wieder auf. 3. Falten Sie die Schlitzöffnung auf und legen Sie den Beleg mit dem nicht umgebügelten Rand (gute Stoffseite) auf die rechte Stoffseite des Rocks. Steppen Sie den Beleg 0,5 cm von der Kante an, aber steppen Sie schräg, sodass die Naht 1 mm von der Kante des Belegs an der Spitze des Schlitzes endet. Steppen Sie dann schräg weiter, bis Sie wieder 0,5 cm von der Kante steppen. 4. Falten Sie den Beleg um alle gesteppten Falten zur linken Stoffseite. Den schmalen umgebügelten Rand legen Sie 1 mm über die Steppnaht. Steppen Sie den Beleg 2 mm von der Kante fest. 5. Falten Sie den Beleg doppelt und steppen Sie die Ecke, wie auf der Zeichnung angegeben. 6. Versäubern Sie die Seitennähte und die obere Naht mit Zickzackstich oder einer Overlocknaht. Bügeln Sie den Beleg an der linken Stoffseite nach rechts.

16. Nur für Cake (geraffter Rock): Versäubern Sie alle Kanten außer dem Saum mit Zickzackstich oder einer Overlocknaht. Stellen Sie die größte Stichlänge an Ihrer Maschine ein und steppen Sie entlang der Taillenkante, 1 × 0,5 cm von der Kante und 1 × 1,5 cm von der Kante, die Nähte dürfen aber nicht aufeinandertreffen. Ziehen Sie dann an den Unterfäden an beiden Rockseiten und verteilen Sie den Stoff, sodass er sich kräuselt (nicht an den Oberfäden ziehen). Kräuseln Sie, bis die Taille des Rocks genauso breit ist wie die Taille des Oberteils. Schlingen Sie die Unterfäden in einer 8 um die Nadelköpfe an den Enden. Verteilen Sie den gekräuselten Stoff gleichmäßig über die gesamte Breite der Taillennaht, bis die Markierungen aufeinandertreffen, und fixieren den Stoff vorläufig an der Naht, indem Sie 0,75 cm von der Kante durchsteppen. Entfernen Sie dann die Kräuselfäden.

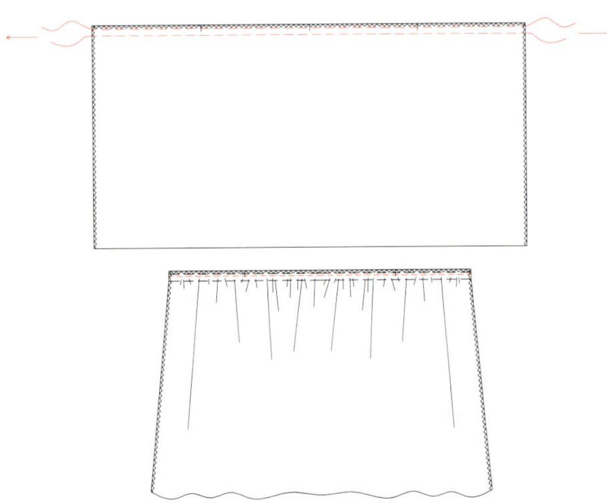

17. Nur für Pop (Faltenrock): Versäubern Sie alle Kanten außer dem Saum mit Zickzackstich oder einer Overlocknaht. Legen Sie die Falten des Rocks, indem Sie immer zwei aufeinanderfolgende Markierungen aufeinanderlegen und sie, wie auf der Zeichnung angegeben, platt bügeln. Fixieren Sie die Falten an der Taillenkante, indem Sie 0,75 cm von der Kante durchsteppen.

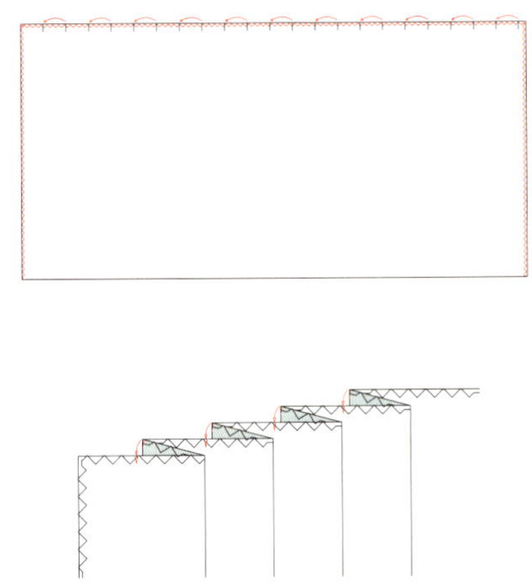

Abschluss

18. Nur für Vanilla: Legen Sie den Rock mit der rechten Stoffseite nach oben, stecken Sie die Taillennaht des Oberteils (nicht der Futterteile) und des Rocks rechts auf rechts, sodass die Markierungen aufeinandertreffen und steppen Sie alles fest. Positionieren Sie den nahtverdeckten Reißverschluss, wie auf Seite 22 angegeben. Stecken und steppen Sie danach den Rest der Rücknaht rechts auf rechts bis zum Reißverschluss. Bügeln Sie die Naht auseinander. Nähen Sie das Reißverschlussende unten mit einigen Stichen an der Nahtzugabe des Rückteils mit der Hand fest. Stecken Sie die mittlere Rücknaht des Futters des Kleids rechts auf rechts aneinander und steppen Sie mit einem normalen Reißverschlussfüßchen auf die Naht neben dem Reißverschluss. Schnei-

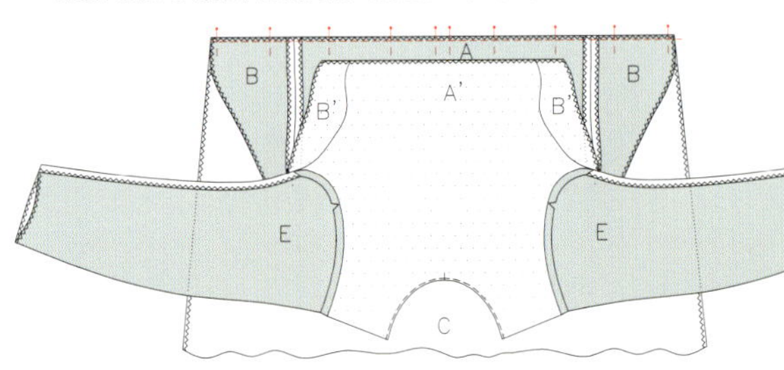

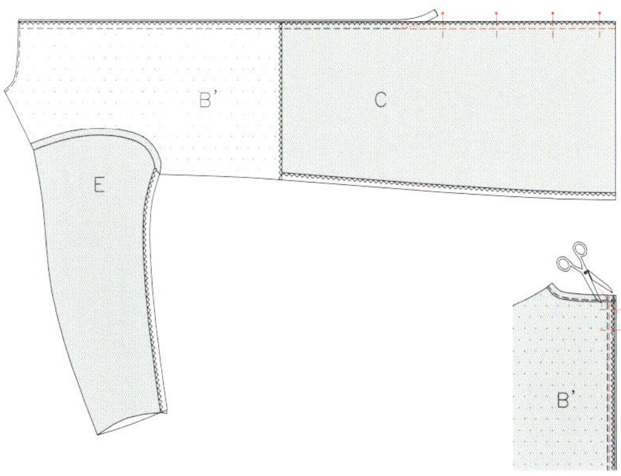

den Sie die obere Ecke ab und wenden Sie das Kleid, sodass die rechte Stoffseite nach außen zeigt. Schließen Sie den Reißverschluss und bügeln Sie die mittlere Rücknaht flach.

19. Nur für Creamy, Caramel und Chocolate (Rock mit Schlitz): Stecken und steppen Sie die Seitennähte des Rocks rechts auf rechts. Stecken und steppen Sie die Taillennaht des Rocks und des Oberteils rechts auf rechts. Achten Sie darauf, dass der Schlitz an der linken Seite zur linken Stoffseite hin umgefaltet ist, die Naht des Rocks mit der Seitennaht des Oberteils abschließt und die übrigen Markierungen aufeinandertreffen. Stecken Sie die Falte (Creamy und Caramel) oder Naht (Chocolate) links an der Kante des Schlitzes und rechts an der Außenkante des Belegs fest, wobei Sie den Beleg zur linken Stoffseite falten. Steppen Sie die Taillennaht fest.

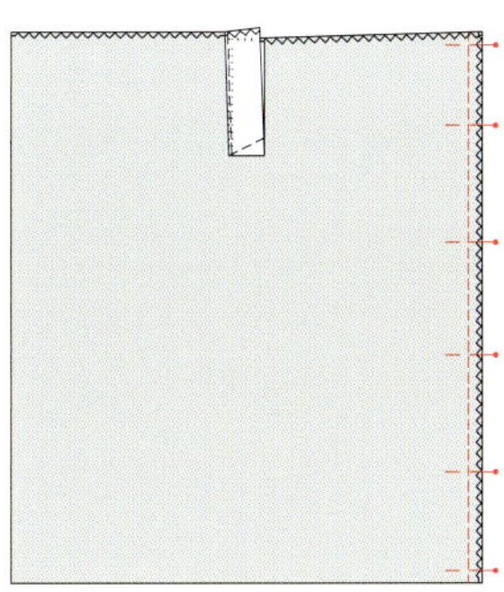

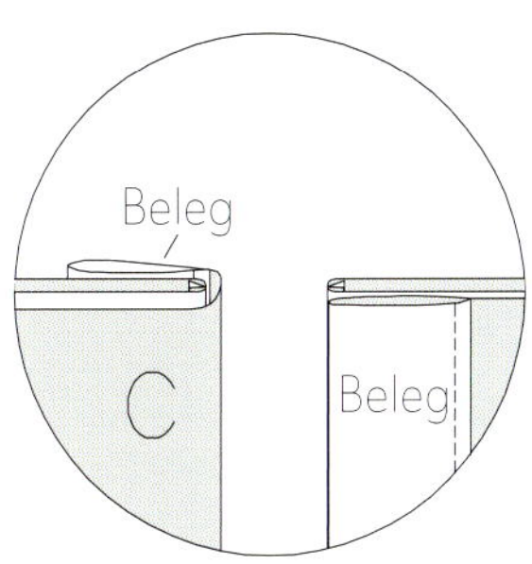

Fertigstellung

20. Versäubern Sie den Rocksaum mit einem Zickzackstich oder einer Overlocknaht. Bügeln Sie den Stoff 3 cm um und steppen Sie den Saum mit einer Stichlänge von 3. Wenn Sie sich für den Faltenrock Pop entscheiden, dann bügeln Sie die Falten unten nochmals. Wenn Sie den Tellerrock Bubble wählen, bügeln Sie die Kante zweimal je 0,5 cm statt 3 cm um und steppen Sie.

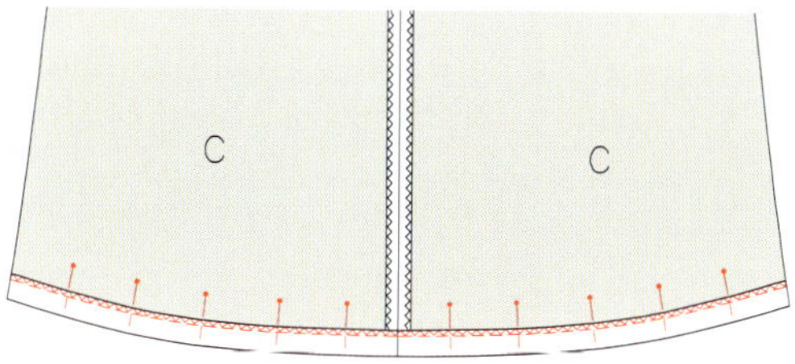

Cake & Pop

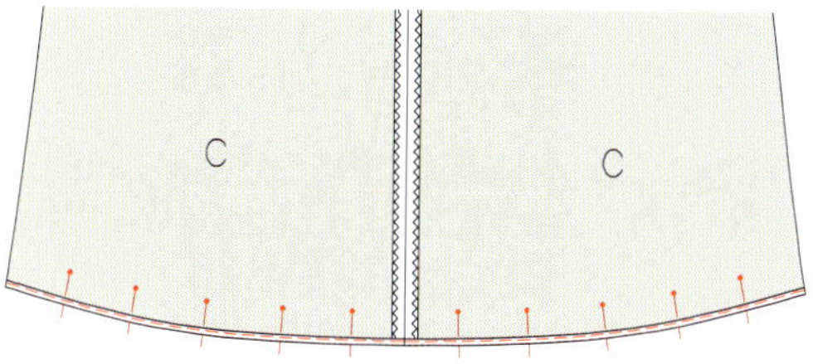

Bubble

21. Versäubern Sie den Ärmelsaum (nicht bei Ini, Mini, Frilly und Cuffy): Bügeln Sie den Stoff 2 cm zur Innenseite des Ärmels um und steppen Sie mit der Maschine mit einer Stichlänge von 3. Wenn Sie Ärmel Ding, Dang oder Dong wählen, lassen Sie eine Öffnung auf Höhe der Ärmelnaht und ziehen ein Gummiband in den Tunnel ein (weitere Informationen auf Seite 112). Entscheiden Sie sich für Cuffy oder Frilly, befolgen Sie die Anleitung auf Seite 128 oder 129.

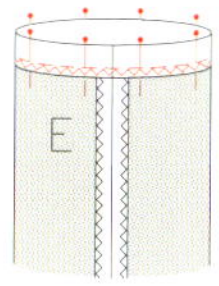

Tic
Tac
Toc

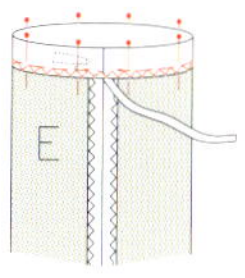

Ding
Dang
Dong

22. Stecken Sie die Taillennaht des Futters an der Naht des Kleids fest und steppen Sie sie an der Naht des Kleids fest (nur bei Sweet/Fluffy in Kombination mit Vanilla).

23. Bügeln Sie nochmals alles auf der Innenseite, schneiden Sie eventuell herunterhängende Fäden ab und freuen Sie sich über das neue Kleidchen!

TEIL 3

Ärmel

Sie können aus verschiedenen Ärmeln wählen:
Capärmel Mini, Trompetenärmel Moe, kurzer Ärmel Tic, ¾-Ärmel Tac, langer Ärmel Toc, kurzer Puffärmel Ding, ¾-Puffärmel Dang, langer Puffärmel Dong oder das ärmellose Modell Ini. Diese Ärmel können sowohl beim Kleid Candy als auch beim Kombinationskleid verwendet werden.

Die Ärmel sind auf dem Schnittmuster in Grün gezeichnet.

ÜBERSICHT ÄRMEL

Ini

Mini

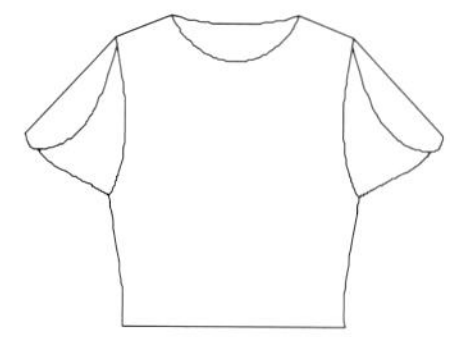
Moe

Tic

Tac

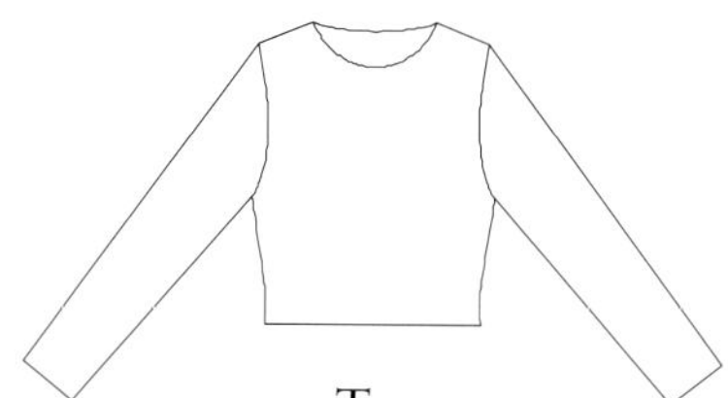
Toc

Ding

Dang

Dong

Verarbeitung des ärmellosen Modells Ini

ANLEITUNG

1. Stecken Sie die Armöffnungen des Futters und des Stoffs rechts auf rechts. Steppen Sie die Armausschnitte und knipsen Sie den Rand bis kurz vor der Steppnaht ein. Wiederholen Sie dies für den zweiten Armausschnitt.

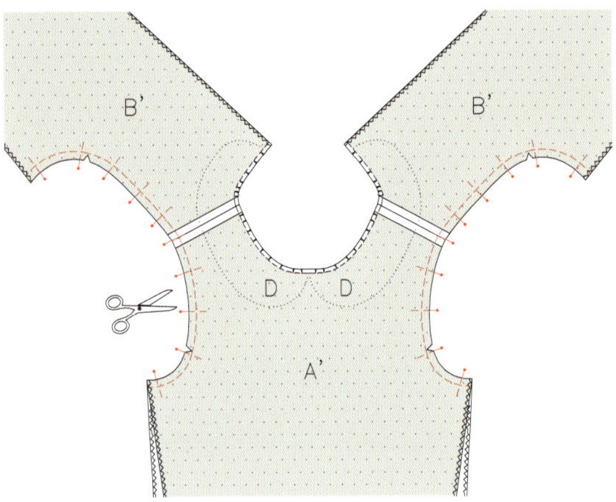

2. Wenden Sie das Kleid durch die Schulteröffnungen, sodass die rechte Stoffseite oben liegt, und bügeln Sie die Armausschnitte flach.

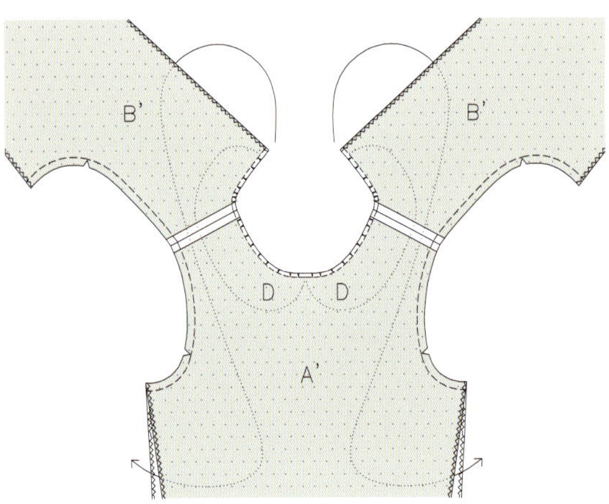

3. Stecken Sie die Seitennähte rechts auf rechts (Futter auf Futter und Stoff auf Stoff) und steppen Sie die Seitennähte. Bügeln Sie die Nähte auseinander.

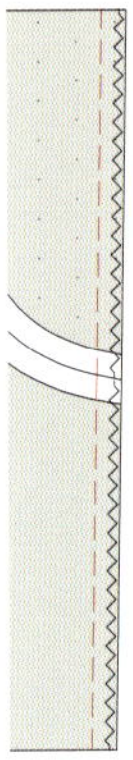

Capärmel Mini

SCHNITTMUSTERTEILE

- Capärmel: 2 × aus Stoff
- Capärmel: 2 × aus Futterstoff

ANLEITUNG

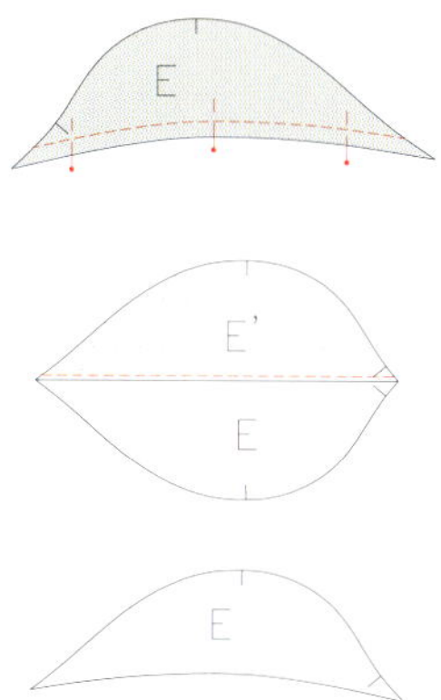

1. Stecken Sie die lange Seite des Ärmels auf die des Futters und steppen Sie. Schneiden Sie die Nahtzugabe auf 0,5 cm zurück, bügeln Sie die Naht zum Futter hin und steppen Sie 2 mm von der Kante, sodass die Nahtzugabe mit dem Futter verbunden ist. Wenden Sie den Ärmel, sodass die rechte Stoffseite außen ist. Bügeln Sie den Ärmel. Wiederholen Sie dies für den zweiten Ärmel.

2. Stecken Sie den Capärmel auf den Armausschnitt rechts auf rechts. Die Markierungen müssen passen; die Spitze an der Rückseite des Capärmels muss auf die Markierung des Rückteils treffen und die Markierung in der Mitte des Ärmels muss auf die Schulternaht treffen. Nähen Sie eine vorläufige Naht 0,75 cm von der Kante.

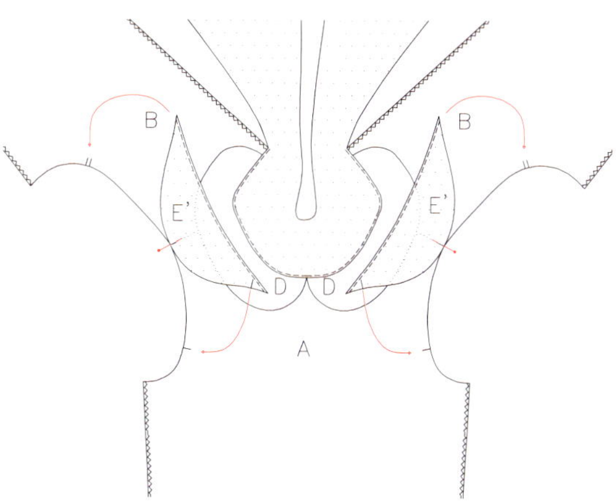

3. Arbeiten Sie das Kleid weiter wie beim ärmellosen Modell Ini und starten bei Schritt 1.

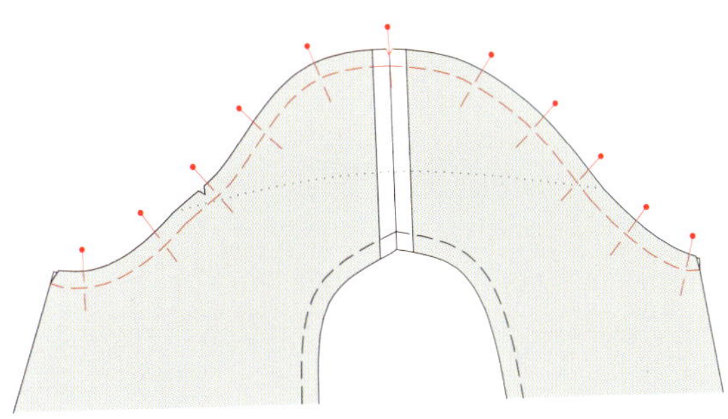

Trompetenärmel Moe

SCHNITTMUSTERTEILE

- Vorderseite des Trompetenärmels: 2 × aus Stoff
- Rückseite des Trompetenärmels: 2 × aus Stoff

ANLEITUNG

1. Versäubern Sie die Seitennähte mit einem Zickzackstich oder einer Overlocknaht. Stecken und steppen Sie die Seitennaht beider Ärmelteile zusammen und bügeln Sie die Naht auseinander.

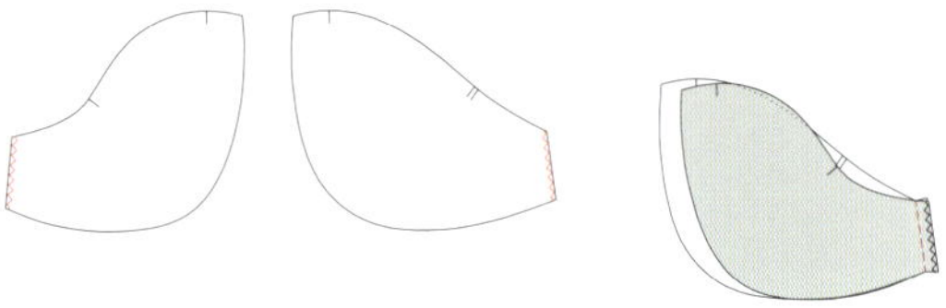

2. Bügeln Sie die Saumkante zweimal um je 0,5 cm um und steppen Sie sie fest.

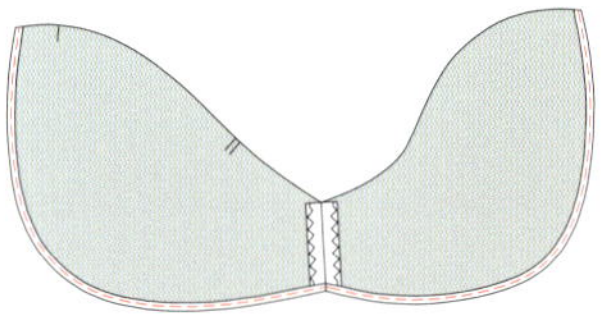

3. Stecken Sie die Schultermarkierungen aufeinander und steppen Sie sie in der Naht vorläufig fest. Arbeiten Sie das Kleid weiter, wie in Schritt 13 der Anleitung angegeben.

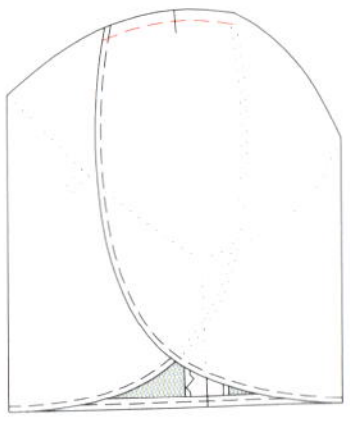

Kurzer Ärmel Tic, 3/4-Ärmel Tac oder langer Ärmel Toc

Die Anleitung ist dieselbe wie die Anleitung für die Kleider.

1. Versäubern Sie die Seitenkanten und die Unterkante der Ärmel.

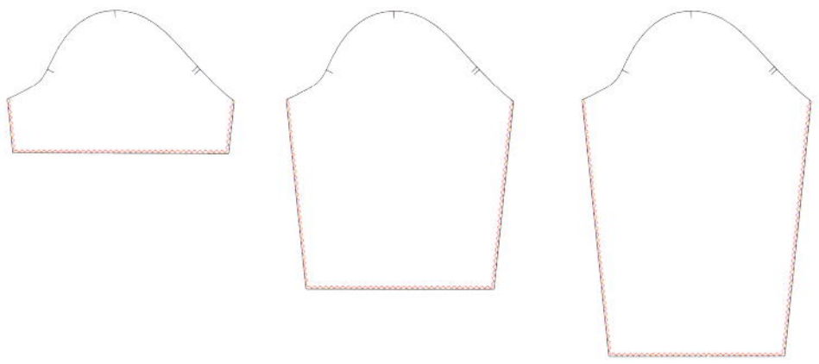

2. Stecken und steppen Sie die Seitennähte der Ärmel rechts auf rechts. Bügeln Sie die Ärmelnähte auseinander.

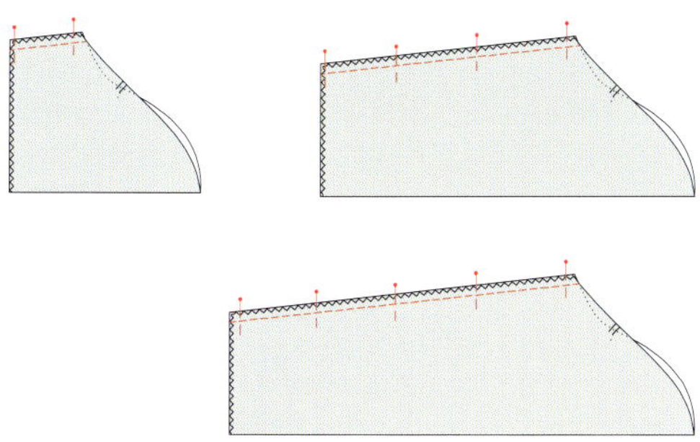

3. Wenden Sie die Ärmel, sodass die rechte Stoffseite außen ist. Stecken Sie die Ärmel in die Armausschnitte rechts auf rechts, sodass die Nähte und Markierungen aufeinandertreffen. Die einfache Markierung liegt auf der des Vorderteils, die doppelte auf der des Rückteils. So können Sie sicher sein, dass der linke Ärmel im linken Armausschnitt und der rechte Ärmel im rechten Armausschnitt sitzt. Der Ärmel soll etwas größer als der Armausschnitt sein, damit er nicht zu eng am Körper anliegt, mehr Bewegungsfreiheit bietet und schöner fällt. Stecken Sie den Ärmel mit vielen

Stecknadeln am Armausschnitt fest, wobei Sie den Stoff des Ärmels so gleichmäßig wie möglich über den Armausschnitt verteilen müssen. Stecken Sie auch die Kante des Futterstoffs fest. Steppen Sie den Ärmel im Armausschnitt fest, beginnend an der Unterarmnaht, wobei der Ärmel unten liegt. Knipsen Sie die Nahtzugabe bis kurz vor der Naht ein und bügeln Sie die Naht zum Oberteil hin.

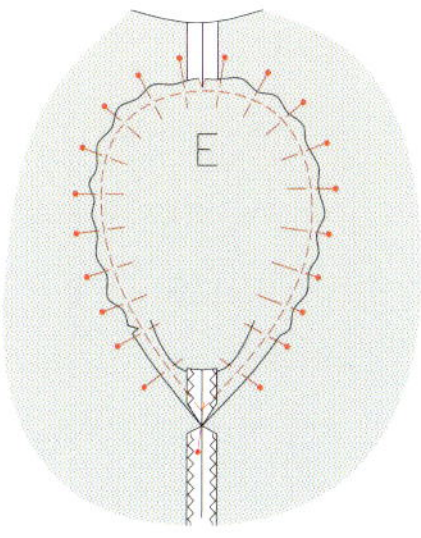

Kurzer Puffärmel Ding, 3/4-Puffärmel Dang oder langer Puffärmel Dong

Die Anleitung ist dieselbe wie die Anleitung für die Kleider.

1. Versäubern Sie die Seitenkanten und die Unterkante der Ärmel.

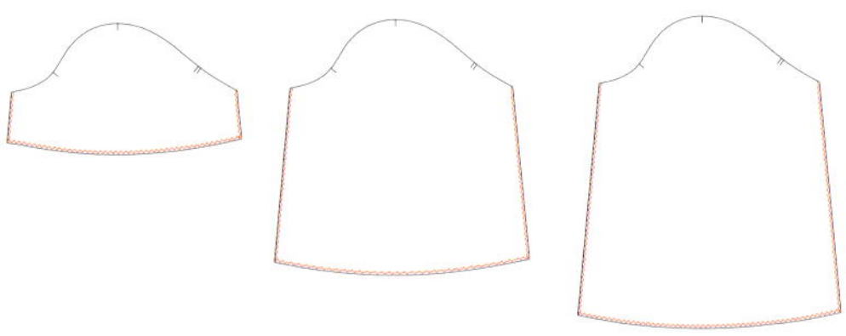

2. Stecken und steppen Sie die Seitennähte der Ärmel rechts auf rechts. Bügeln Sie die Ärmelnähte auseinander.

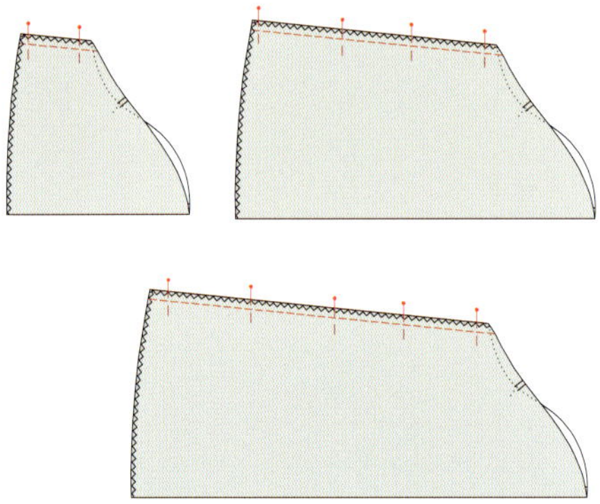

3. Wenden Sie die Ärmel, sodass die rechte Stoffseite außen ist. Stecken Sie die Ärmel in die Armausschnitte rechts auf rechts, sodass die Nähte und Markierungen aufeinandertreffen. Die einfache Markierung liegt auf der des Vorderteils, die doppelte auf der des Rückteils. So können Sie sicher sein, dass der linke Ärmel im linken Armausschnitt und der rechte Ärmel im rechten Armausschnitt sitzt. Der Ärmel soll etwas größer als der Armausschnitt sein, damit er nicht zu eng am

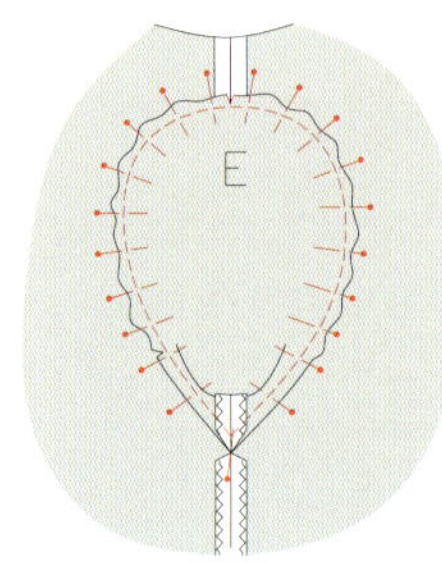

Körper anliegt, mehr Bewegungsfreiheit bietet und schöner fällt. Stecken Sie den Ärmel mit vielen Stecknadeln am Armausschnitt fest, wobei Sie den Stoff des Ärmels so gleichmäßig wie möglich über den Armausschnitt verteilen müssen. Stecken Sie auch die Kante des Futterstoffs fest. Steppen Sie den Ärmel im Armausschnitt fest, beginnend an der Unterarmnaht, wobei der Ärmel unten liegt. Knipsen Sie die Nahtzugabe bis kurz vor der Naht ein und bügeln Sie die Naht zum Oberteil hin.

LÄNGE DES GUMMIBANDES IN CM, JE ÄRMEL

	92	98	104	110	116	122	128	134	140	146	152
Ding	20,5	21	21,5	22,25	22,75	23,5	24	24,5	25,25	25,75	26,5
Dang	19,25	19,75	20,25	20,5	21	21,5	22	22,5	23	23,5	23,75
Dong	14,75	15	15,5	15,75	16,25	16,5	17	17,5	17,75	18,25	18,5

TEIL 4

Kragen

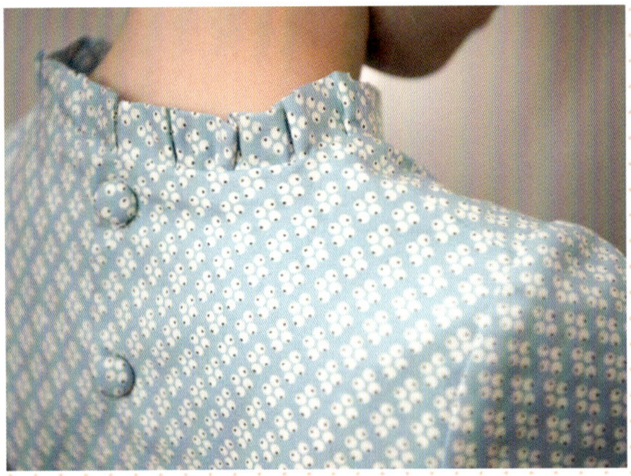

Sie können Ihr Kleid mit einem hübschen Kragen abschließen.
Tinky, Minky und Winky eignen sich nicht
für Vorderteil Fluffy und Rückteil Chocolate.
Die Gesichter Foxy, Snowy, Bunny und die Krone Queeny können
nur für das Vorderteil Fluffy verwendet werden.
Die Kragen sind auf dem Schnittmusterbogen in Hellblau aufgezeichnet.

ÜBERSICHT KRAGEN UND GESICHTER

Tinky

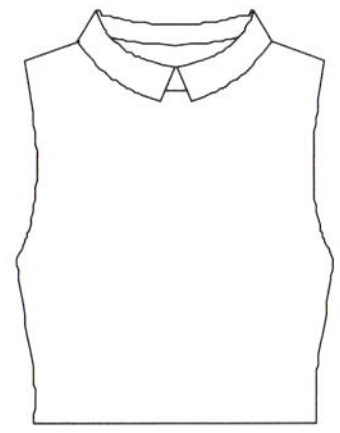

Winky

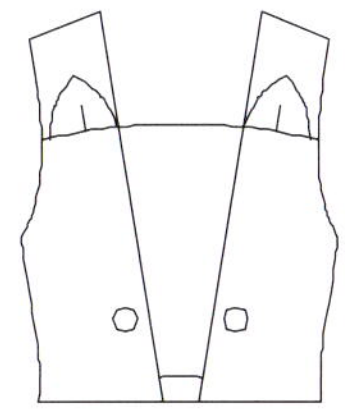

Foxy

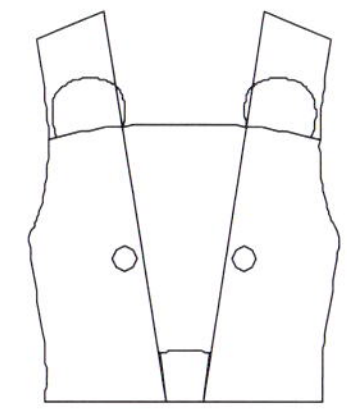

Snowy

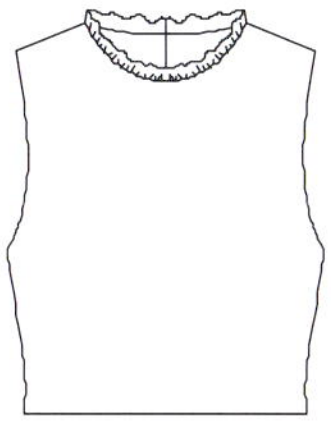

Minky

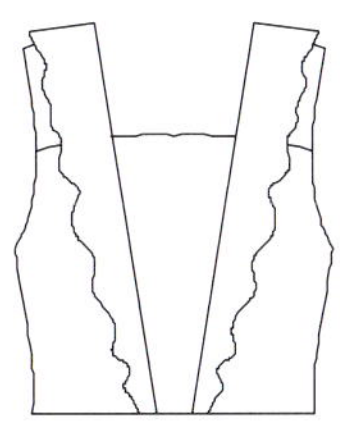

Curly

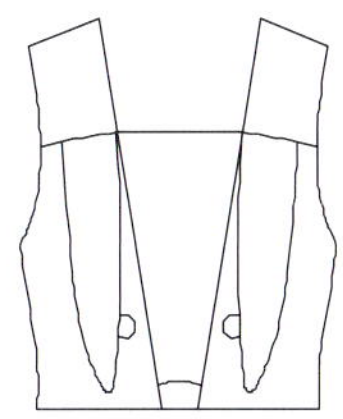

Bunny

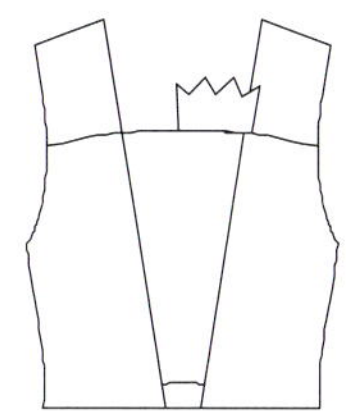

Queeny

NAHTZUGABE

Planen Sie eine Nahtzugabe von 1 cm um den Kragen herum ein, sofern nichts anderes angegeben wird.

Kragenlose Ausführung

Befolgen Sie hierfür die Anleitung Ihres Kleids, ohne einen Kragen anzubringen.

Bubikragen Tinky

SCHNITTMUSTERTEILE

- Kragen: 2 × aus Stoff (D)
- Kragen: 2 × aus Futterstoff (D')
- Kragen: 2 × aus Belegstoff

ANLEITUNG

1. Nähen Sie das Kleid laut Anleitung bis zum Halsausschnitt. Bügeln Sie die zu verstärkenden Kragenteile und bügeln Sie den Beleg auf die Kragenteile aus Außenstoff. Schneiden Sie eine Kante von 3 mm an der äußersten Kante der Kragenteile aus Futterstoff ab, sodass das Futter nach der Fertigstellung nicht an der Oberseite zu sehen ist.

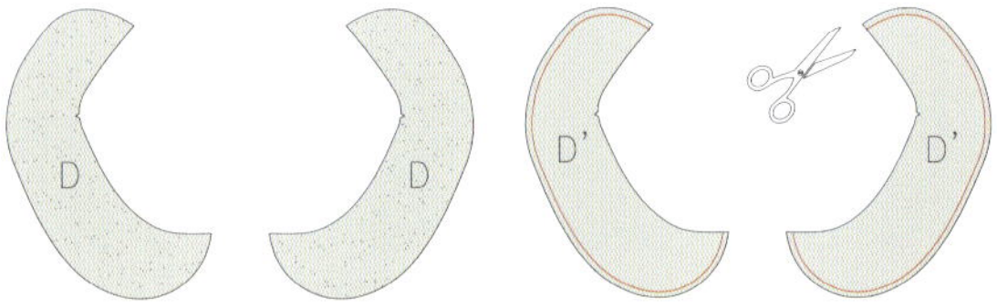

2. Stecken Sie den Oberkragen auf das Kragenfutter (Schultermarkierungen und Nähte aufeinander) und steppen Sie die Außennaht. Schneiden Sie die Nahtzugabe des Oberkragens auf die Hälfte zurück und knipsen Sie die Kragenrundung ein. Kragen wenden und bügeln. Wiederholen Sie dies für das zweite Kragenteil.

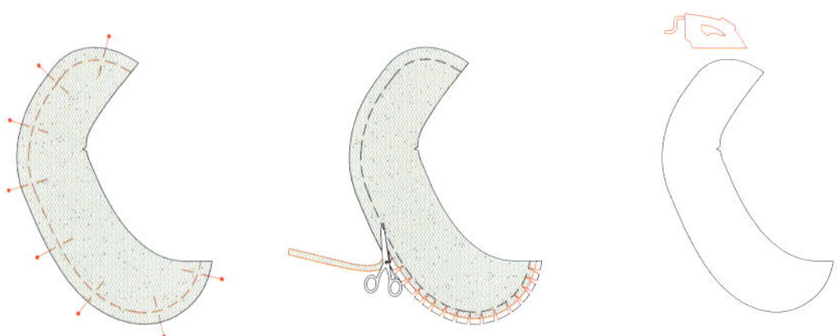

3. Stecken Sie den Kragen mit dem Beleg rechts auf rechts an der Halskante fest. Achten Sie darauf, dass die Schultermarkierungen auf den Schulternähten liegen, die hintere Spitze mit der Rücknaht (oder der Markierung am mittleren Rückteil) und die vordere Spitze mit der Markierung an der Mitte des Vorderteils abschließt. Nähen Sie weiter, wie in der Anleitung für den Halsausschnitt des Kleids angegeben.

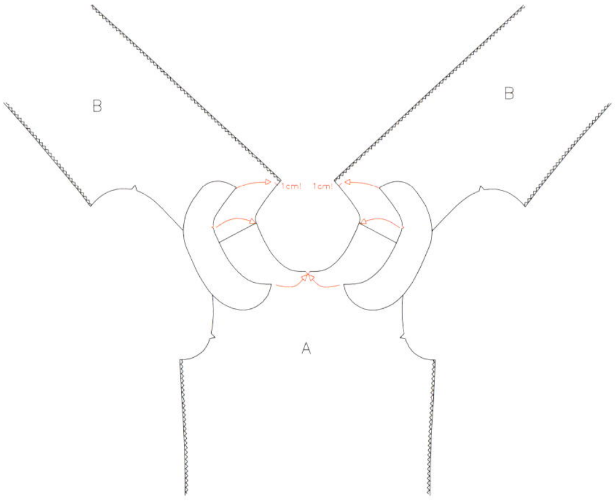

Gerüschter Stehkragen Minky

SCHNITTMUSTERTEILE

- Kragen: 1 × aus Stoff im Stoffbruch (D)

ANLEITUNG

1. Nähen Sie das Kleid laut Anleitung bis zum Halsausschnitt. Markieren Sie den Stoffbruch des Kragens mit einem kleinen Einschnitt; dies ist die Markierung für die Mitte des Vorderteils (bzw. der Mitte des Rückteils bei Creamy) des Kragens.

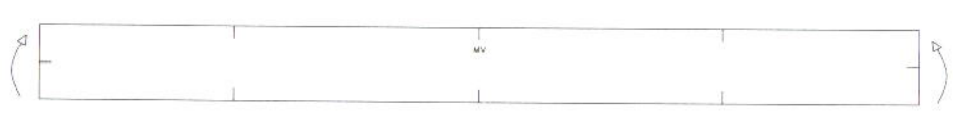

2. Falten Sie den Kragen über die lange Seite (rechts auf rechts) und steppen Sie die kurzen Seiten zu. Schneiden Sie die Ecken ab und wenden Sie den Kragen, sodass die rechte Stoffseite außen ist. Bügeln Sie den Kragen.

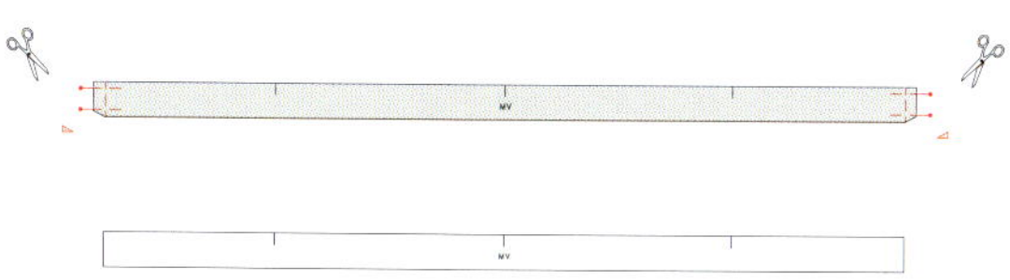

3. Steppen Sie die lange offene Seite des Kragens zweimal mit der größten Stichlänge, einmal 0,5 cm unterhalb der Kante und dann 1,25 cm von der Kante, die Nähte dürfen aber nicht aufeinandertreffen. Ziehen Sie an den Unterfäden, sodass sich der Kragen kräuselt, bis der Kragen dieselbe Länge hat wie der gesamte Halsausschnitt (ohne Naht). Verteilen Sie den gekräuselten Stoff gleichmäßig über die Kragenbreite und achten Sie darauf, dass die Schultermarkierungen an den Schulternähten und die mittlere Markierung des Kragens und die Markierung der Mitte des Oberteils des Kleids (oder der Markierung der Mitte des Rückteils bei Creamy) aufeinandertreffen.

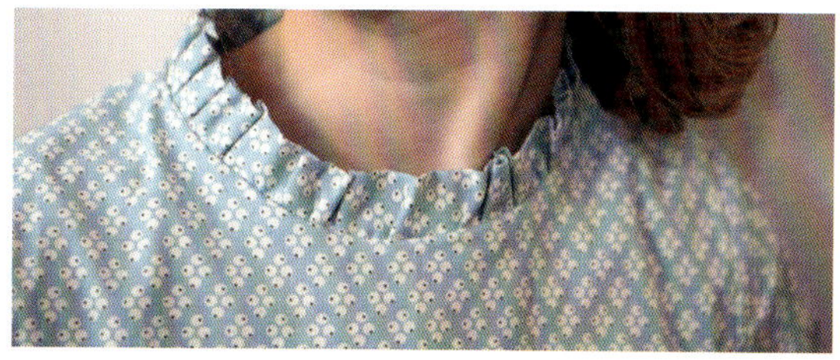

Den gekräuselten Stoff mit einer vorläufigen Naht 0,75 cm von der Kante feststeppen.

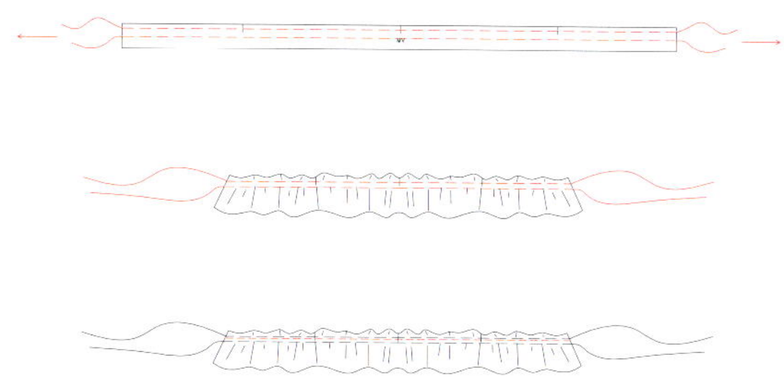

4. Stecken Sie den Kragen auf die rechte Stoffseite des Halsausschnitts, wobei die Schultermarkierungen und die Schulternähte aufeinandertreffen müssen. Bei Sweet liegt die mittlere Markierung auf der Markierung für die Mitte des Vorderteils, und die Enden treffen auf die mittlere Rückennaht. Bei Creamy liegen die Enden auf der Markierung für die Mitte des Vorderteils am Halsausschnitt und die mittlere Markierung auf der Markierung für die Mitte des Rückteils des Kleids.

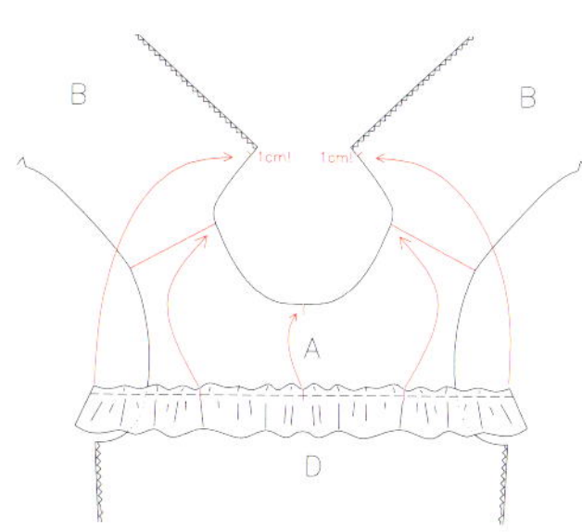

Sweet

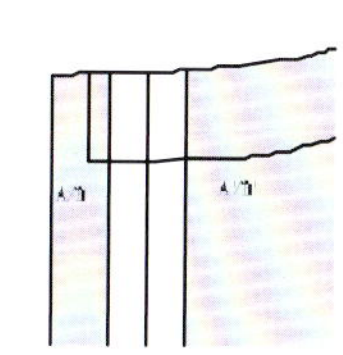

Creamy & Caramel

5. Nähen Sie weiter, wie in der Anleitung für den Halsausschnitt des Kleids angegeben.

Hemdkragen Winky

Für Oberteil Sweet und Kleid Candy

SCHNITTMUSTERTEILE

- Steg: 2 × aus Stoff, mit der Markierung für die Mitte des Vorderteils im Stoffbruch (den gebogenen Rand daher nicht übernehmen)
- Steg: 2 × aus Beleg
- Kragen: 2 × aus Stoff (D)
- Kragen: 2 × aus Futterstoff (D')
- Kragen: 2 × aus Beleg (im Stoffbruch)

MATERIAL

- Gummiband
- Knopf

ANLEITUNG

1. Verstärken Sie die Kragenteile aus Stoff und beide Stege. Schneiden Sie an den Kragenteilen aus Futterstoff 3 mm von der Außenkante (nicht an der Halskante) ab. Steppen Sie ein Stück Gummiband (Länge entsprechend des Umfangs des ausgewählten Knopfes + 1 cm) an der rechten Naht des Stegs auf der rechten Stoffseite vorläufig fest.

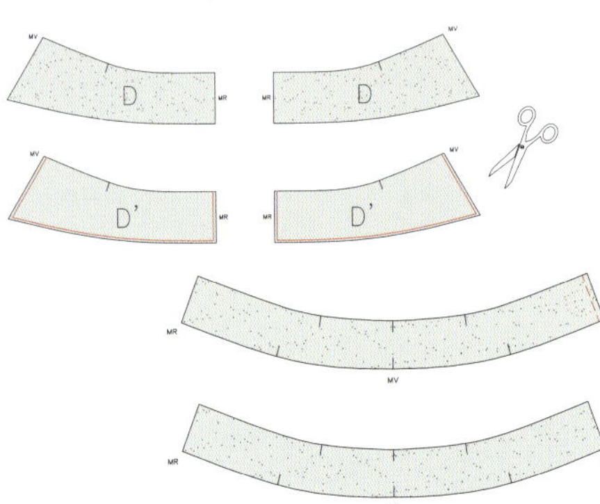

2. Stecken und steppen Sie die kurzen Kanten und die Außenkante des Kragens auf den Kragen aus Futterstoff rechts auf rechts. Schneiden Sie die Naht zurück, knipsen Sie die gebogene Kragenkante ein und schneiden Sie die Ecken ab. Wenden Sie den Kragen, sodass die rechte Stoffseite außen liegt, und bügeln Sie den Kragen. Steppen Sie rund um den Kragen 3 mm von der Kante, außer an der offenen Kante, mit einer Ziernaht. Wiederholen Sie dies für das zweite Kragenteil.

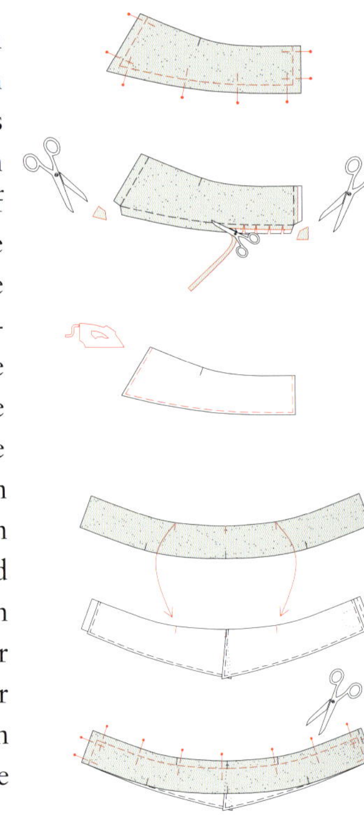

3. Stecken Sie die Oberkante der Stege rechts auf rechts und die offene Kante der Kragenteile dazwischen, sodass die Markierungen mit den

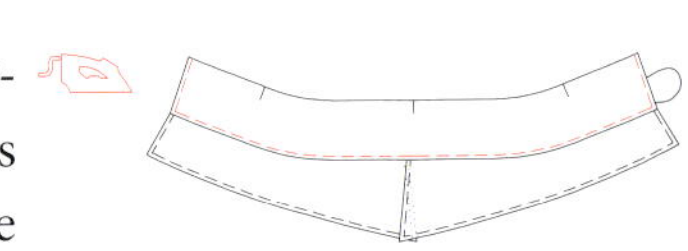

Kanten und der mittleren Markierung des Vorderteils aufeinandertreffen. Steppen Sie die Oberkante und die kurzen Seiten, knipsen Sie die Kante ein und wenden Sie den Steg, sodass die rechte Stoffseite außen liegt. Bügeln Sie den Kragen und steppen Sie 3 mm von der Kante um den Steg eine Ziernaht, nicht jedoch an der offenen Kante.

4. Stecken Sie die offene Seite der Stege am Halsausschnitt des Kleids fest, wobei der Kragen mit der Futterseite auf der rechten Stoffseite und die mittleren Markierungen des Vorderteils und die hinteren Ränder mit der mittleren Rücknaht (1 cm von der Rückenkante) oder mit der Markierung MR des Rückteils Caramel aufeinandertreffen müssen. Nähen Sie das Kleid, wie angegeben weiter.

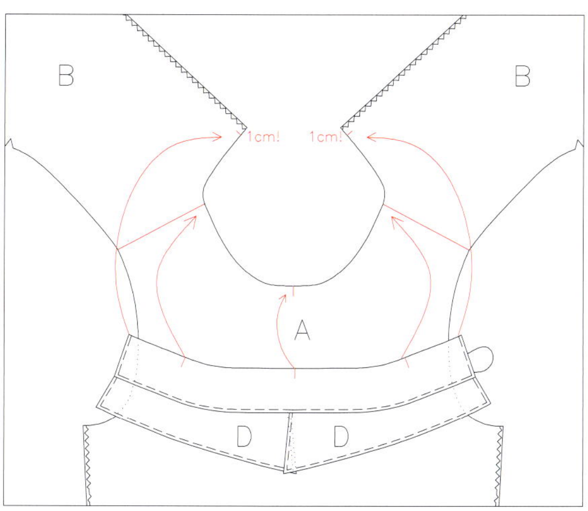

5. Nähen Sie einen kleinen Knopf an die linke Seite des Stegs an.

Für das Oberteil Creamy mit Knöpfen

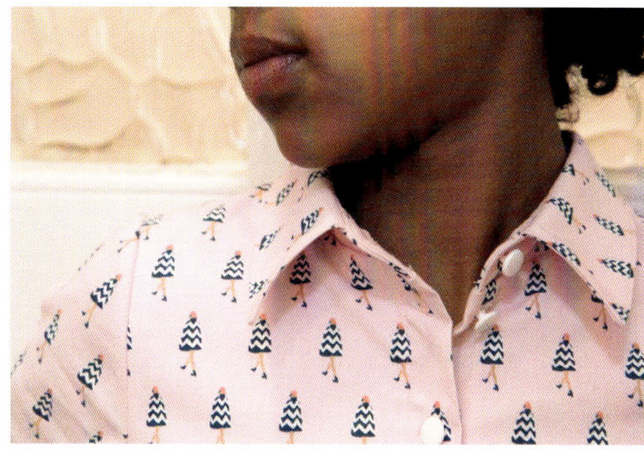

SCHNITTMUSTERTEILE

- Steg: 2 × aus Stoff, mit der Markierung für die mittlere Naht der Rückseite im Stoffbruch und mit gebogener Vorderkante
- Steg: 2 × aus Belegstoff, mit der Markierung für die Mittellinie des Rückteils im Stoffbruch und mit gebogener Vorderkante
- Kragen: 1 × aus Stoff, mit der mittleren Naht der Rückseite im Stoffbruch (D)
- Kragen: 1 × aus Futterstoff, mit der mittleren Naht der Rückseite im Stoffbruch (D')
- Kragen: 1 × aus Belegstoff, mit der mittleren Naht der Rückseite im Stoffbruch

ANLEITUNG

1. Verstärken Sie das Kragenteil aus Stoff und die Stege. Schneiden Sie an den Kragenteilen aus Futterstoff 3 mm von der Außenkante (nicht an der Halskante) ab.

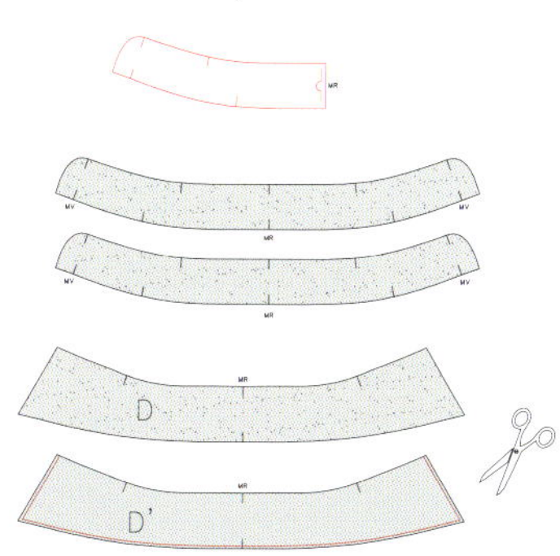

2. Stecken Sie beide Kragenteile rechts auf rechts und steppen Sie die Außenkante. Schneiden Sie die Nahtzugabe zurück und die Ecken ab. Wenden Sie den Kragen, sodass die rechte Stoffseite außen liegt und bügeln Sie. Steppen Sie 3 mm von der Kante mit einer Ziernaht, nicht jedoch an der offenen Kante.

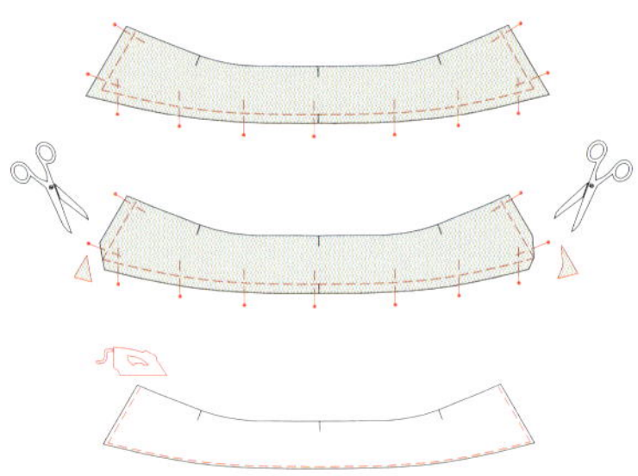

3. Stecken Sie die Außenkante der Stege rechts auf rechts und den Kragen dazwischen. Steppen Sie die Oberkante, knipsen Sie die Kante ein und wenden Sie den Steg, sodass die rechte Stoffseite außen liegt. Bügeln Sie den Kragen und steppen Sie 3 mm von der Kante um den Steg eine Ziernaht, nicht jedoch an der offenen Kante.

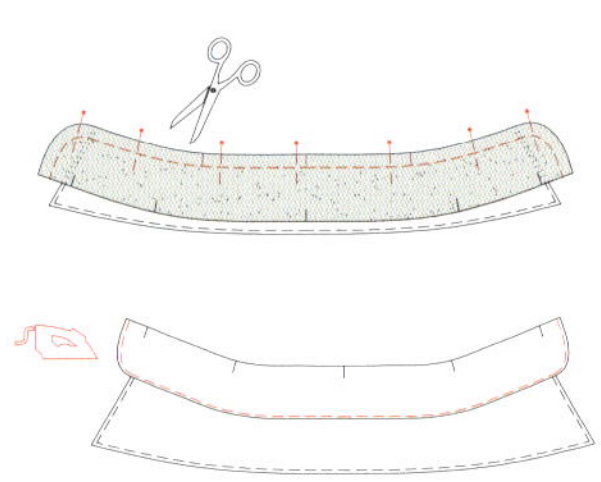

4. Stecken Sie die offene Seite des Stegs am Halsausschnitt des Kleids fest, sodass die Futterseite auf der rechten Stoffseite des Kleids liegt. Achten Sie darauf, dass die mittlere Markierung des Stegs auf die Markierung für die mittlere Rücknaht des Kleids trifft und die Spitzen vorne auf die erste Markierung des Stoffs treffen (im Stoffbruch). Nähen Sie das Kleid, wie angegeben, weiter.

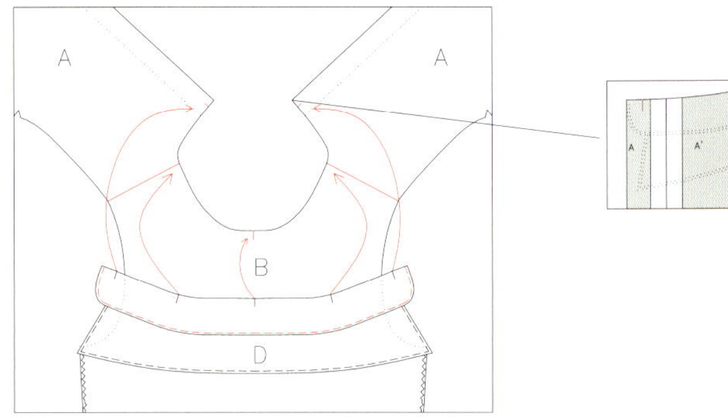

Rüschenbesatz Curly

(Nur für Vorderteil Fluffy)

SCHNITTMUSTERTEILE

- Streifen: 2 × aus Stoff

ARBEITSANLEITUNG

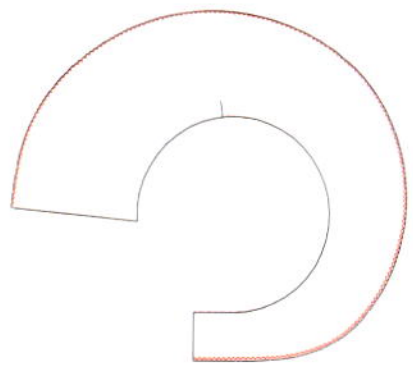

1. Versäubern Sie die Außenkante mit einem Rollsaum.

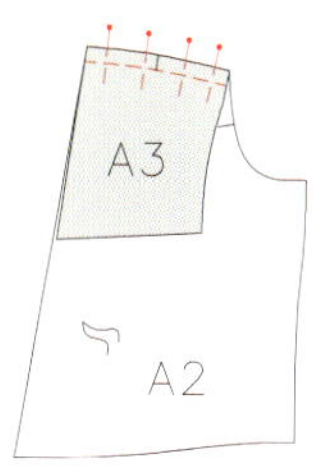

2. Stecken und steppen Sie das Schulterteil des Schnittmusters für Fluffy (A3) auf das Seitenteil (A2) rechts auf rechts und bügeln Sie die Naht auseinander.

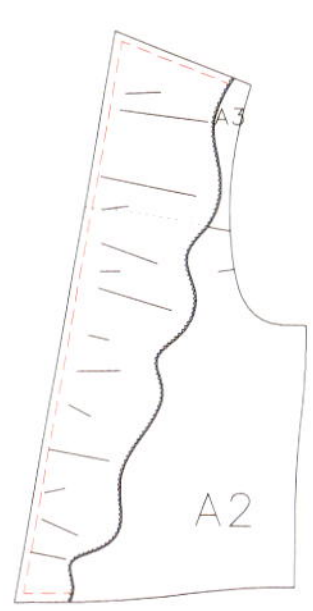

3. Stecken Sie die nicht versäuberte lange Seite des Streifens mit der linken Stoffseite auf die rechte Stoffseite des Seitenteils und steppen Sie mit einer Nahtzugabe von 0,75 cm entlang der Oberkante, der langen Kante und der Unterkante.

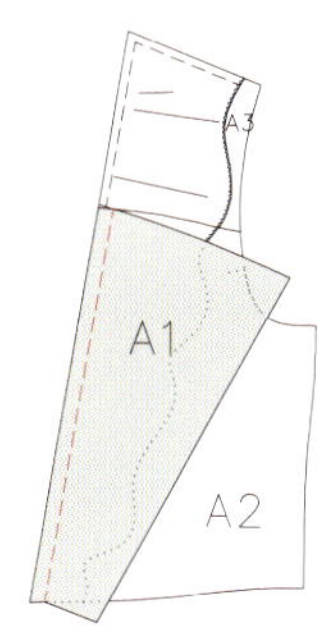

4. Stecken und steppen Sie das mittlere Teil auf das Seitenteil rechts auf rechts und bügeln Sie die Naht zum Mittelteil. Wiederholen Sie dies auf der anderen Seite und nähen Sie dann das Kleid weiter, wie in der Anleitung angegeben.

Gesichter Foxy, Snowy und Bunny

(Nur für Vorderteil Fluffy)

SCHNITTMUSTERTEILE

- Nase: 2 × aus Stoff
- Ohren: 2 × aus Stoff
- Ohren: 2 × aus Kontraststoff

Hinweis: Für diese Schnittteile ist die Nahtzugabe im Schnittmuster inbegriffen!

ANLEITUNG FÜR DIE NASE

1. Stecken Sie beide Teile der Nase rechts auf rechts und steppen Sie entlang der Oberkante.

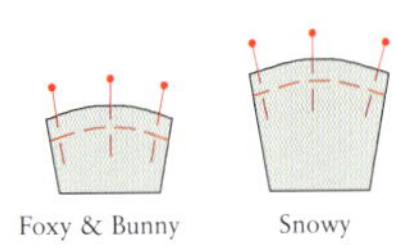

2. Knipsen Sie die Kante ein, falten Sie das Teil links auf links und bügeln Sie die Nase, wobei die rechte Stoffseite außen ist.

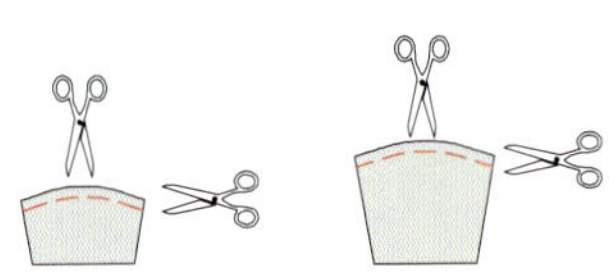

3. Steppen Sie die Seitenkanten der Nase vorläufig mit einer Nahtzugabe von 0,75 cm am mittleren Vorderteil (A1) fest.

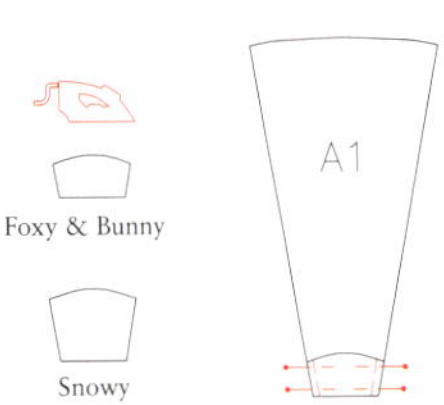

ANLEITUNG FÜR DIE OHREN

4. Stecken Sie das Ohr aus Stoff auf das Ohr aus Kontraststoff rechts auf rechts. Steppen Sie die Kante ab, aber lassen Sie die Unterkante offen.

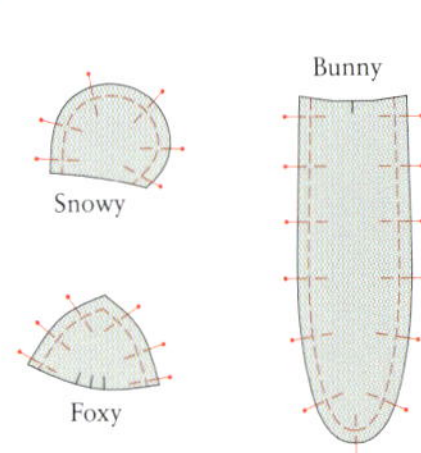

5. Schneiden Sie die Nahtzugabe auf 0,5 cm zurück. Knipsen Sie die Kante ein, wenden Sie das Ohr, sodass die rechte Stoffseite außen ist, und bügeln Sie es flach.

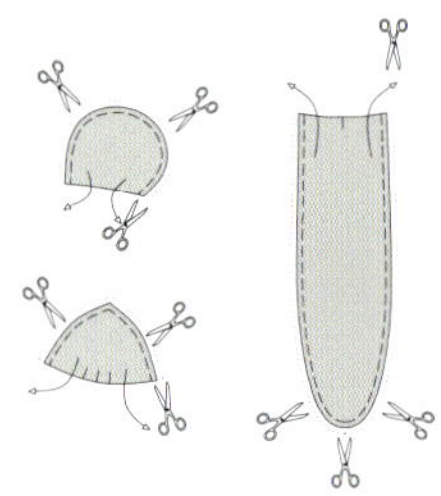

6. Für Fuchs Foxy: Falten Sie das Ohr zur Hälfte, wobei der Kontraststoff innen liegt und die Markierungen an der Unterkante aufeinandertreffen, und steppen Sie 1 cm ab der Markierung. Bügeln Sie die Falte in Richtung der Außenkante flach. Für Häschen Bunny: Bügeln Sie die Außenkanten an der Markierung nach innen und steppen Sie. Für alle Ohren: Steppen Sie die (offene) Unterkante der Ohren vorläufig an der Unterkante des Seitenteils mit einer Nahtzugabe von 0,75 cm fest, wobei die Falte auf der Markierung und der Kontraststoff auf der rechten Stoffseite des Oberteils liegt.

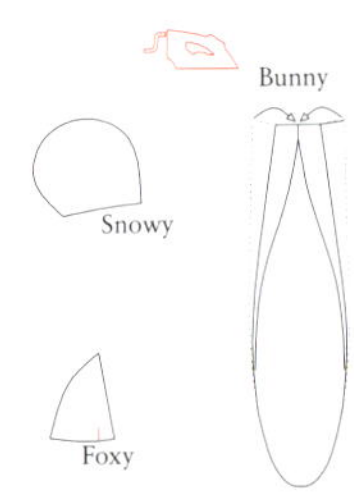

7. Stecken und steppen Sie das Schulterteil (A3) auf das Seitenteil (A2) rechts auf rechts und bügeln Sie die Naht auseinander. Stecken Sie zum Schluss das Mittelteil mit der Nase (A1) an dem Seitenteil rechts auf rechts an beiden Rändern von A1 fest. Wiederholen Sie dies für die Futterstoffteile A1', A2' und A3' (ohne Nase und Ohren).

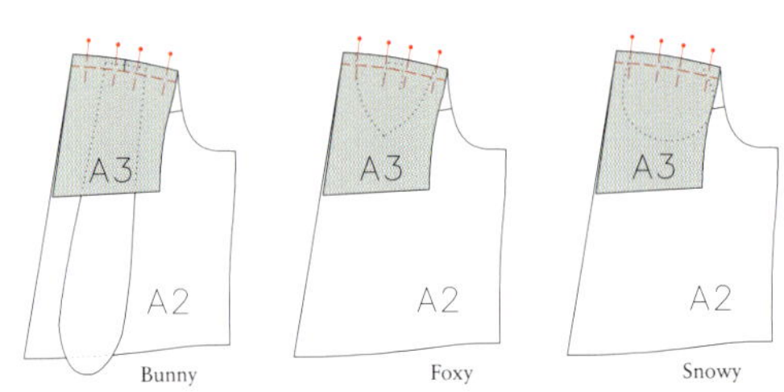

ZWARTE ZEE

Krone Queeny

SCHNITTMUSTERTEILE

- Krone: 2 × aus Stoff
- Krone: 2 × aus Belegstoff

Hinweis: Für dieses Schnittteil ist die Nahtzugabe im Schnittmuster inbegriffen!

ANLEITUNG

1. Verstärken Sie beide Teile der Krone. Stecken Sie beide Teile der Krone rechts auf rechts und steppen Sie entlang der Oberkante und den Seitenkanten.

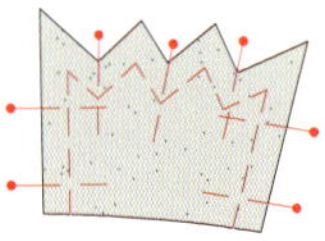

2. Schneiden Sie die Nahtzugabe zurück, knipsen Sie zwischen den unteren Spitzen und den oberen Spitzen ein und wenden Sie die Krone, sodass die rechte Stoffseite außen liegt.

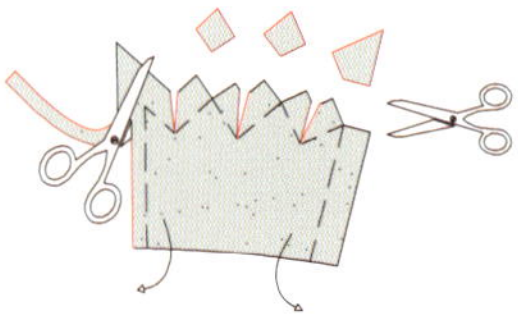

3. Bügeln Sie die Krone flach.

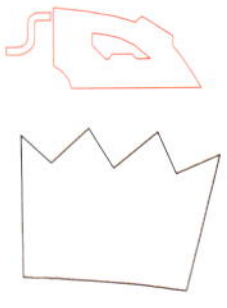

4. Steppen Sie die Unterkante der Krone an der Nahtzugabe der Oberkante des mittleren Vorderteils 0,75 cm von der Kante rechts auf rechts. Wollen Sie die Krone im Verhältnis zum mittleren Vorderteil lieber asymmetrisch platzieren, steppen Sie erst das mittlere Vorderteil und das mittlere Seitenteil des Vorderteils des Kleids aneinander. Steppen Sie dann die Krone vorläufig in die Naht und steppen Sie dann die Schulterteile fest.

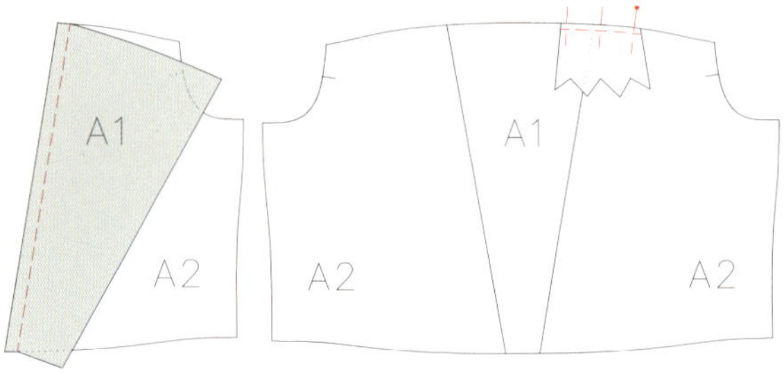

TEIL 5

Noch mehr Möglichkeiten!

ÜBERSICHT ÜBER WEITERE VARIANTEN

Cuffy

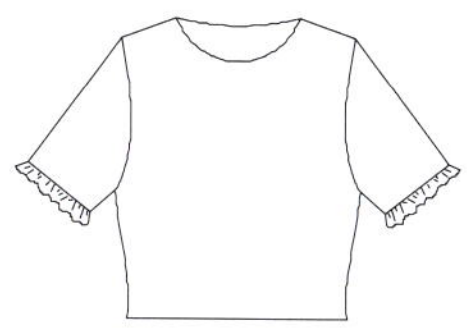

Frilly

Tiny

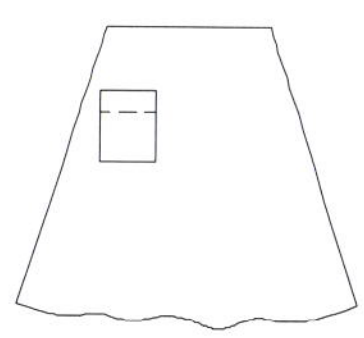

Winy

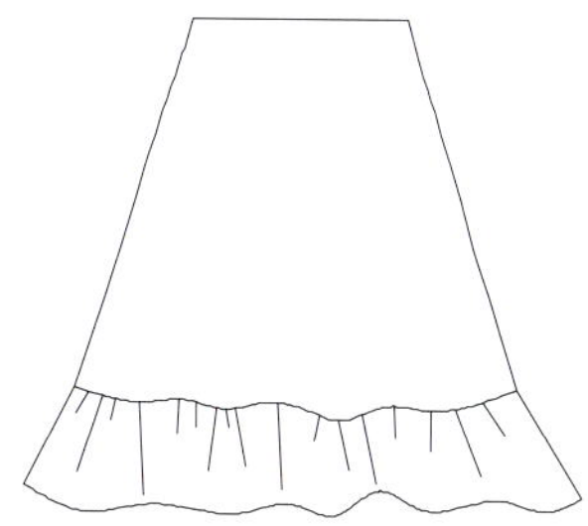

Twirly

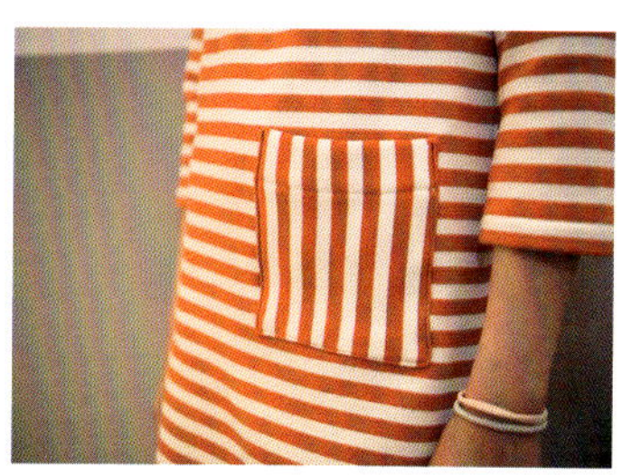

Gerader Ärmelbesatz Cuffy

für Ärmel Tic und Tac

SCHNITTMUSTERTEILE

- Ärmelbesatz Cuffy: 2 × aus Stoff
- Ärmelbesatz Cuffy: 2 × aus Belegstoff

ANLEITUNG

1. Verstärken Sie die Ärmelbesätze. Bügeln Sie den Ärmelbesatz links auf links zur Hälfte und falten Sie ihn auf. Stecken und steppen Sie die kurzen Seiten des Ärmelbesatzes rechts auf rechts. Bügeln Sie die Naht auseinander. Falten Sie den Ärmelbesatz der Länge nach zur Hälfte links auf links auf die bereits gebügelte Falte.

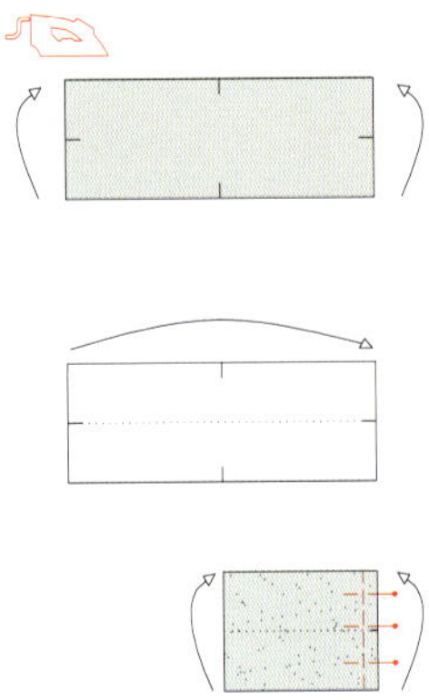

2. Stecken und steppen Sie den Ärmelbesatz auf die Ärmelkante, wobei die rechte Stoffseite des Ärmelbesatzes auf der linken Stoffseite des Ärmels liegt.

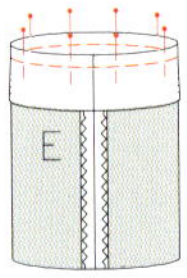

3. Versäubern Sie Naht mit einem Zickzackstich oder einer Overlocknaht.

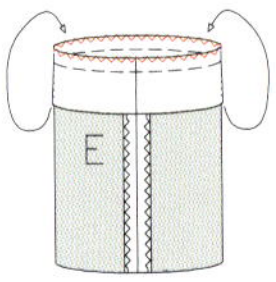

4. Falten Sie den Ärmelbesatz zur Außenseite des Ärmels, bügeln Sie die Naht und nähen Sie die Kante des Besatzes mit einigen Stichen mit der Hand an.

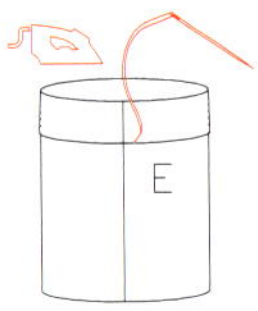

Gerüschter Ärmelbesatz Frilly

für Ärmel Tic, Tac und Toc

SCHNITTMUSTERTEILE

- Rüschenbesatz Frilly: 2 × aus Stoff

ANLEITUNG

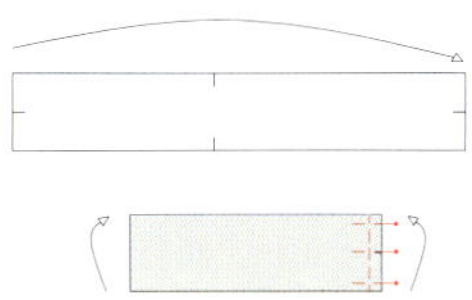

1. Stecken und steppen Sie die kurzen Seiten des Rüschenbesatzes rechts auf rechts.

2. Falten Sie den Rüschenbesatz der Länge nach zur Hälfte, sodass die rechte Seite nach außen zeigt, und bügeln Sie.

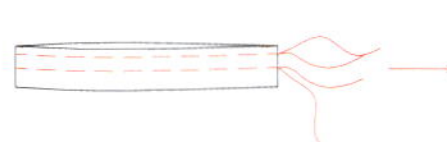

3. Raffen Sie den Ärmelbesatz wie folgt. Stellen Sie die größte Stichlänge an Ihrer Maschine ein und steppen Sie entlang der Kante, 1 × 0,5 cm und 1 × 1,5 cm von der Kante, die Nähte dürfen aber nicht aufeinandertreffen. Ziehen Sie dann an den Unterfäden und verteilen Sie den Stoff, sodass er gerafft wird (nicht an den Oberfäden ziehen). Raffen Sie die Kante des Besatzes, bis er so lang ist wie der Umfang des gesteppten Ärmels und die Nähte und Markierungen aufeinandertreffen. Schlingen Sie die Unterfäden in einer 8 um die Nadelköpfe an den Enden.

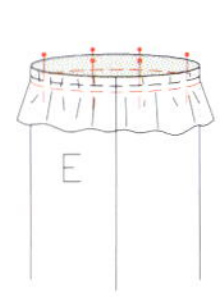

4. Stecken und steppen Sie den Rüschenbesatz an der Ärmelkante rechts auf rechts, sodass die Nähte und die Markierungen aufeinandertreffen. Entfernen Sie dann die Kräuselfäden.

5. Versäubern Sie die Naht mit Zickzackstich oder einer Overlocknaht und bügeln Sie die Naht zum Ärmel hin.

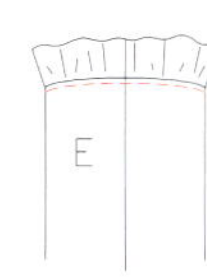

6. Steppen Sie die Nahtzugabe der Kante 0,5 cm von der Naht an die rechte Stoffseite des Ärmels.

Herztasche Tiny

SCHNITTMUSTERTEILE

- Herztasche: 2 × aus Stoff
- Herztasche: 2 × aus Belegstoff

Hinweis: Für dieses Schnittteil ist die Nahtzugabe im Schnittmuster inbegriffen!

ANLEITUNG

1. Verstärken Sie beide Teile der Tasche auf der linken Stoffseite. Übertragen Sie die Markierungen auf der Tasche mit einem Heftfaden.

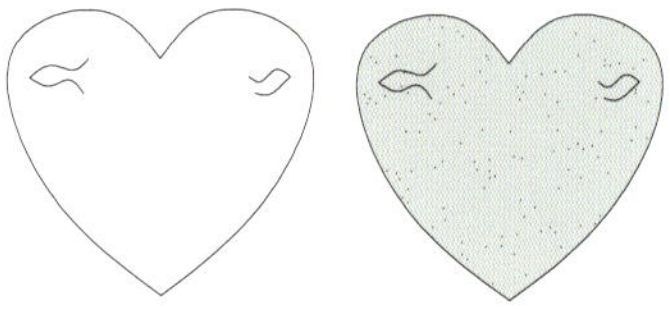

2. Stecken Sie beide Teile der Tasche rechts auf rechts und steppen Sie rundherum, aber lassen Sie eine Wendeöffnung von 5 cm an einer der schrägen Seitenkanten. Knipsen Sie die Kante und die obere Spitze bis kurz vor der Naht ein und wenden Sie die Tasche durch die Öffnung, sodass die rechte Stoffseite nach außen zeigt.

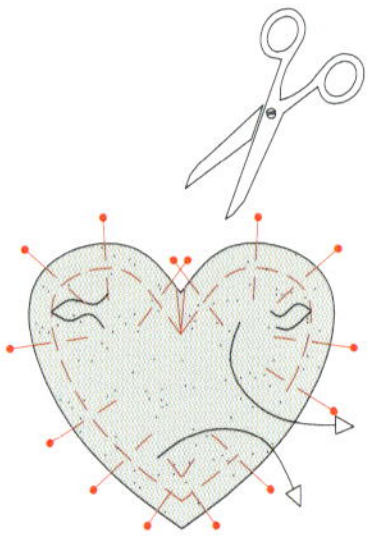

3. Bügeln Sie die Tasche flach (achten Sie darauf, dass auch die Nahtzugabe der Wendeöffnung nach innen gebügelt wird). Steppen Sie 5 mm von der Kante eine Ziernaht um die ganze Tasche.

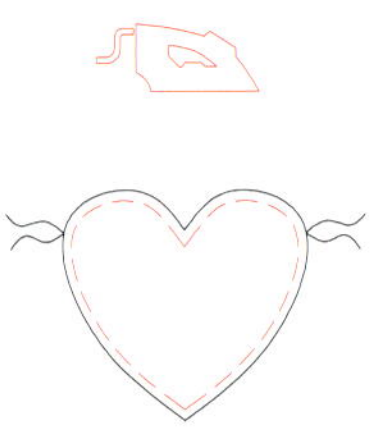

4. Stecken Sie die Heftfäden der Tasche auf den Rock und steppen Sie rundherum von Heftfaden zu Heftfaden mit einem Ziersteppstich. Steppen Sie ein zweites Mal im Abstand von 2 mm von der Ziersteppnaht entlang.

Gerade Tasche Winy

SCHNITTMUSTERTEILE

- Gerade Tasche 1 × aus Stoff

Hinweis: Für dieses Schnittteil ist die Nahtzugabe im Schnittmuster inbegriffen!

ANLEITUNG

1. Versäubern Sie die Kanten der Tasche mit Zickzackstich oder einer Overlocknaht.

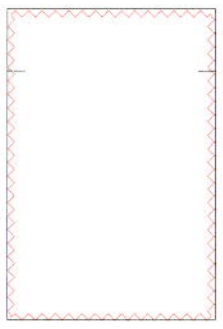

2. Bügeln Sie die Oberkante der Tasche 1 cm zur linken Stoffseite um.

3. Bügeln Sie entsprechend der Markierungen rechts auf rechts und steppen Sie.

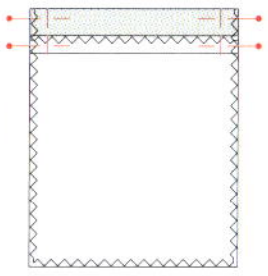

4. Schneiden Sie die Ecken zurück und wenden Sie, sodass die rechte Stoffseite nach außen zeigt.

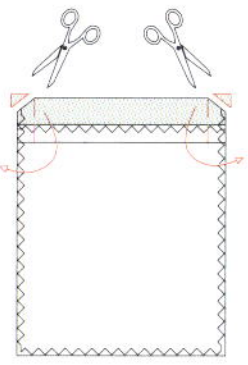

5. Bügeln Sie die übrigen Kanten 1 cm um und steppen Sie mit einem Ziersteppstich entlang der Seitenkanten und der Unterkante 5 mm von der Kante entfernt.

6. Stecken Sie die Eckpunkte der Tasche auf den Rock und steppen Sie die Tasche entlang der bereits gesteppten Zierstichnaht. Steppen Sie ein zweites Mal im Abstand von 2 mm von der Ziersteppnaht entlang.

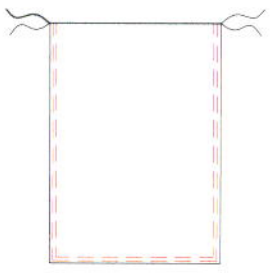

Saumbesatz Twirly

(Wählen Sie zwischen einem breiten oder einem schmalen Modell)

SCHNITTMUSTERTEILE

- Saumbesatz: 2 × aus Stoff im Stoffbruch

Hinweis: Schneiden Sie für das Kleid Candy das Schnittmusterteil nur 1 x aus und steppen Sie in Schritt 1 die Seitennähte aufeinander.

ANLEITUNG

1. Markieren Sie die vordere Mitte und die hintere Mitte des Rocks und des Saumbesatzes mit einem kleinen Einschnitt. Stecken und steppen Sie die kurzen Seiten des Besatzes rechts auf rechts und bügeln Sie die Nähte auseinander. Bügeln Sie den Besatz der Länge nach zur Hälfte, wobei die rechte Stoffseite nach außen zeigt. Stecken Sie die langen Seiten aufeinander und versäubern Sie den Rocksaum und den doppelt gefalteten Saumbesatz mit Zickzackstich oder einer Overlocknaht. Falls Sie sich für das Kleid Candy entscheiden, dann stecken und steppen Sie die kurzen Seiten rechts auf rechts.

2. Kräuseln Sie den Saumbesatz, sodass die Seitennähte und die Markierungen für die mittlere Vorderseite bzw. die mittlere Rückseite aufeinandertreffen. Gehen Sie wie folgt vor: Stellen Sie die Maschine auf die größte Stichlänge ein und steppen Sie entlang der offenen Kante, 1 × 5 mm und 1 × 15 mm von der Kante, die Nähte dürfen aber nicht aufeinandertreffen. Ziehen Sie dann an den Unterfäden und verteilen Sie den Stoff, sodass er gerafft wird (nicht an den Oberfäden ziehen). Raffen Sie, bis der Besatz so lang ist wie der Umfang des Rocksaums und bis die Nähte und die Markierungen aufeinandertreffen. Schlingen Sie die Unterfäden in einer 8 um die Nadelköpfe an den Enden. Steppen Sie den gekräuselten Stoff vorläufig an der Naht 7,5 mm von der Kante fest und entfernen Sie die Kräuselfäden.

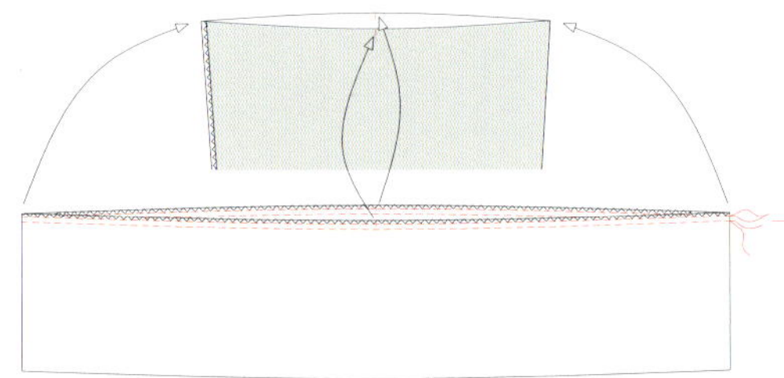

3. Stecken Sie den Besatz rechts auf rechts auf den Rocksaum, sodass die Nähte und Markierungen aufeinandertreffen, und steppen Sie. Legen Sie beim Oberteil Sweet und Rückteil Vanilla die Nähte genau auf die Seitennähte des Rocks.

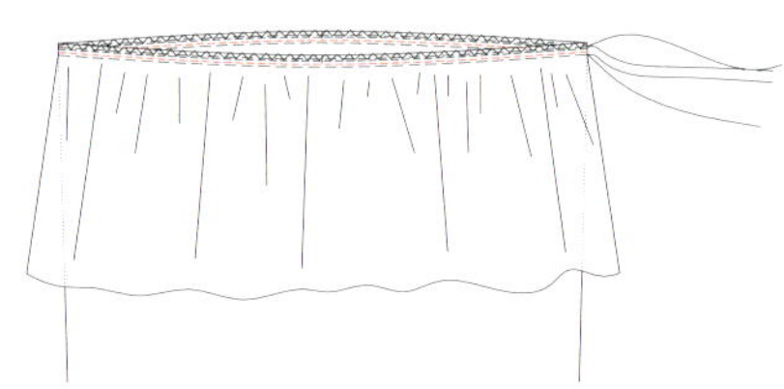

4. Bügeln Sie die Naht nach oben und steppen Sie die Nahtzugabe am Rock 5 mm von der Kante fest. Dieser Rock braucht nicht mehr gesäumt zu werden.

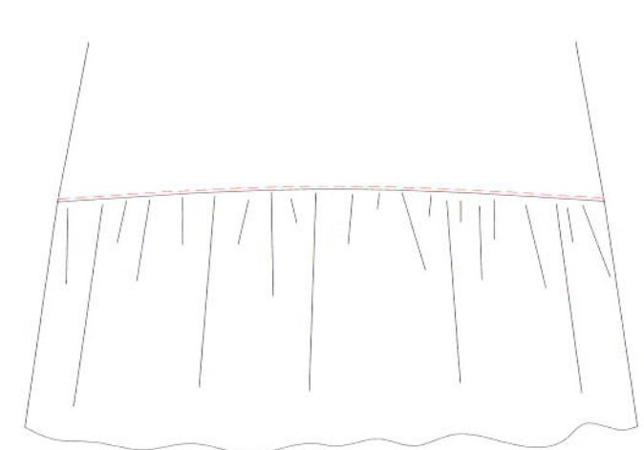

Danksagung

Zuallererst möchte ich meinem Mann und meinen Kindern für die viele Geduld, die sie für die verrückten Ideen ihrer Mutter aufgebracht haben, und für ihre ehrliche Begeisterung und Unterstützung danken; ohne euch hätte ich es nicht geschafft!

Außerdem möchte ich natürlich meiner Verlegerin Heidi von Uitgeverij Lannoo danken, die mir die Chance gegeben hat, erneut ein schönes Buch zu schreiben!

Und natürlich danke ich meinen tapferen Mitstreiterinnen Katy von Clair Obscur für die wunderschönen Fotos und Leen von quod.voor de vorm., die alles hübsch in Szene gesetzt hat – danke für eure außerordentlich große Geduld!

Ein großer Dank gebührt dem Stoffgeschäft In den Beer aus Harelbeke für das Sponsoring der schönen Stoffen!

Ich danke auch Margot von Polygon für die tollen Illustrationen des Candyshops in diesem Buch.

Ich danke Frau Esprit und der Direktion des Gulden Sporen College für die schöne Location und das Öffnen der vielen Türen! Dies ist eine tolle Schule!

Herzlichen Dank an Adelien von A'Mabelle, die den süßen Gesichtern noch etwas mehr Farbe verliehen hat!

Ich danke meiner lieben Familie und meinen lieben Freunden und insbesondere Carootje für Euren Enthusiasmus und für euer offenes Ohr!

Und last but not least danke ich meinen wunderschönen Prinzessinnen Fenne, Flore, Floor, Ebise, Aiko und Nina, die sich von ihrer besten Seite gezeigt haben, und deren Mamas. Ich danke euch herzlich, meine Lieblinge!

Impressum

Bibliografische Information der Deutschen Bibliothek.

Die Deutsche Bibliothek verzeichnet diese Publikation in der Deutschen Nationalbibliografie.

Detaillierte bibliografische Daten sind im Internet über http://www.d-nb.de/ abrufbar.

EIN BUCH DER EDITION MICHAEL FISCHER

1. Auflage 2021

Erstveröffentlicht bei Uitgeverij Lannoo, Tielt, Belgien

Titel der Originalausgabe:
„100 jurkjes, Varieer zelf met 10 patronen“

Aus dem Niederländischen übertragen von Hannelore Schatz, Ismaning
Cover: Lara Nelles
Satz: Nathalie Hochholzer
Projektmanagement: Isabella Krüger
Fotografie: Clair Obsur

ISBN 978-3-7459-0324-9

Gedruckt bei Polygraf Print, Čapajevova 44, 08001 Prešov, Slowakei

www.emf-verlag.de

WEITERE BÜCHER

HEJ. MINIMODE
ISBN 978-3-96093-729-6
(D) 19,99 €
(A) 20,60 €

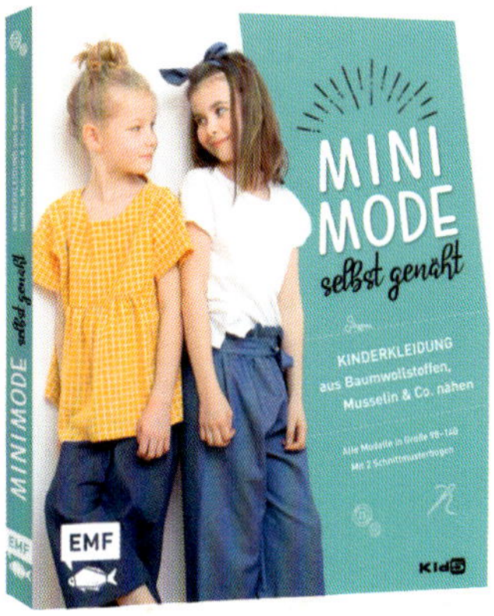

MINIMODE SELBST GENÄHT
ISBN 978-3-96093-490-5
(D) 19,99 €
(A) 20,60 €

EINFACH NACHHALTIG NÄHEN BABYS & KIDS
ISBN 978-3-7459-0107-8
(D) 16,99 €
(A) 17,50 €